U0620646

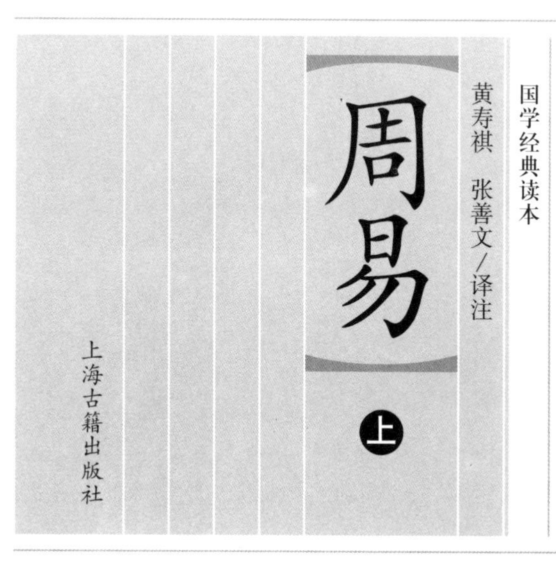

国学经典读本

周易

上

黄寿祺　张善文／译注

上海古籍出版社

目　录

卷一　上　经

卷　二

卷　三

卷　四

卷五　下　经

卷　六

卷　七

卷 八

卷 九

卷 十

前　言

冠居"群经"之首的《周易》,是我国古代现存最早的一部奇特的哲学专著。这部奇书的思想光华,是通过神秘的"占筮"外衣,焕发出恍惚窈冥的象征色彩:它那蕴蓄丰富的变化哲理出现之际,人们对之既向往又"陌生",乃至"仁者见之谓之仁,智者见之谓之智,百姓日用而不知"(《系辞上传》);随着历史的推进,自孔子"读《易》韦编三绝"(《史记·孔子世家》)之后,学人对《周易》的认识逐代加深,《易》学著述层出不穷,然而,同时产生的种种扑朔迷离的猜测、附会之说却也多得令人眼花缭乱,遂使本属"玄学"的《周易》思想被涂上一重又一重"幻想和奇想"的"附加色"。尚秉和先生有感于这一情状,慨而叹曰:"最多者《易》解……最难者《易》解……苟非真知灼见之士,为扬榷其是非,厘订其得失,后学将胡所适从哉?"①

处在今天的时代,我们有必要在辨析旧说的基础上,科学地发掘这部古老的哲学著作的真正价值,品评、确立其在中国哲学史、世界文化史上应有的地位。当然,进行这项工作的首要步骤,是先须正确地理解《易》学研究中一系列不可回避的问题,如《周易》的创作过程、时代背景、命名之义、经传大旨,以及历代《易》学的源流派别、今天应当采用的研究方法等。这些问题虽有种种成说,却多数未臻一致。笔者固不敢辄论前贤是非,谨就见识所及,采摭可取的说法,在简述《周易》经传基本内容的同时,结合上述问题略作分析,以期有助于读《易》、研《易》者探索打开《易》学大门的最初途径。

一、《周易》“经”部分的创作过程经历三大阶段:阴阳概念的产生、八卦创立、重卦并撰成卦爻辞,三者均是遵循“观物取象”的创作原则

翻开《周易》,首先看到的是八卦、六十四卦符号,以及与这些符号紧密关联的卦辞、爻辞。这就是《周易》的“经”文。

《周易》“经”部分的创作过程,大致经历了三个阶段:阴阳概念的产生,八卦创立,重卦并撰成卦爻辞。

十分明显,无论是后来的八卦或六十四卦,都是由阴阳两爻(--、—)组合成的,所以,叙及《周易》的创作,我们不得不从这两种基本符号谈起。“阴”、“阳”概念的形成,是古代人们通过对宇宙万物矛盾现象的直接观察得出的。“盈乎天地之间无非一阴一阳之理”(《朱子大全·易纲领》),在古人心目中,天地、男女、昼夜、炎凉、上下、胜负……几乎生活环境中的一切现象都体现着普遍的、相互对立的矛盾。根据这种直感的、朴素的观察,前人把宇宙间变化万端、纷纭复杂的事物分为阴、阳两大类,用两种符号表示:阴物为“--”,阳物为“—”。为什么用这两种符号(而不是别的符号)来象征阴阳呢?人们曾作过各种猜测,或以为是男女生殖器的象征,或以为是龟卜兆纹所演化,或以为是古代用于占筮的两种竹节的象形,或以为是取用上古“结绳”时代“有结”、“无结”的形态等等[2],见仁见智,皆可并存。但有一点

是人所公认的：阴阳爻象的形成，本于古人对自然万物的直接观察，象征着广泛的相互对立的种种事物、现象。

在这基础上，古人以阴、阳符号为“爻”，每三爻叠成一卦，出现了“八卦”（《周礼》称为“经卦”）。八卦各有不同的名称、形式，分别是：乾（☰）、坤（☷）、震（☳）、巽（☴）、坎（☵）、离（☲）、艮（☶）、兑（☱）。八卦的取象，已经从阴阳二爻对事物的广泛象征，发展到对自然界八种基本物质的具体象征；这八种基本物质是：天、地、雷、风、水、火、山、泽。在后来的《易》理演绎和《易》筮运用的过程中，八卦的卦象又不断扩展增益，可以分别象征八种类型的诸多物象，《说卦传》所举象例，即可见其概略。以八卦与阴阳二爻相比较，两者的创立有一个共同点：均是古人通过观察自然物象所得，然后又作为喻示种种物情、事理的象征符号。《系辞下传》对此作了较为明白的说明：

> 古者包牺氏之王天下也，仰则观象于天，俯则观法于地，观鸟兽之文，与地之宜，近取诸身，远取诸物，于是始作八卦，以通神明之德，以类万物之情。

这是阐述古人从观察万物到制成八卦的整个思维过程，即“观物取象”的创作特征。其中所“观”之“物”，乃是自然、生活中的具体事物；所“取”之“象”，则是模拟这些事物成为有象征意义的卦象。如乾为天、坤为地等即是。此后，八卦两两相重，出现了六十四卦（《周礼》称为“别卦”），并产生了解说这些卦形所寓哲理的卦爻辞。此时，《周易》“经”文全部创成，其独具体系的哲学思想已趋成熟。

就卦形看，六十四卦及每卦中的六爻，也同样都是作《易》者遵循“观物取象”思维形式的产物。例如，䷢为《晋》卦（“晋”意为

“进长”)，卦形是坤下离上(地在下，火在上)，拟取太阳从东方大地升起这一物象，说明事物处于上进、成长之时的发展规律；与之相对的，䷣为《明夷》卦(“明夷”意为“光明殒灭”)，卦形是离下坤上(火在下，地在上)，拟取太阳从西方大地落下这一物象，说明事物处于光明转向黑暗之时的变化情状。很明显，它们都以拟取物象来喻示事理。至于六十四卦中的每一爻，也各具其象。如䷀为《乾》卦，卦形是由完全相同的六个阳爻“—”组成，但每爻各自象征着不同的义理。以上下两爻为例：下爻(初九)“—”，爻辞曰“潜龙勿用”，喻示此爻犹如一条潜伏水底、养精蓄锐的“龙”的形象，说明事物以刚健气势崛起之初，必须积蓄力量，创造条件，不可轻易盲动；上爻(上九)“—”，爻辞曰“亢龙有悔”，喻示此爻犹如一条激昂飞腾而飞得太高太猛的“龙”的形象，说明事物刚健过甚、发展超过一定限度，必将走向反面，出现挫折。显然，这些“爻”都是某种特定的象征，暗示着各不相同的哲理意义。

就卦爻辞看，六十四卦的卦辞及每爻的爻辞，均是配合卦形阐明象旨。卦爻辞的出现有两大意义：(一) 使《周易》成为卦形符号与语言文字有机结合的一部特殊的哲学著作；(二) 使“《易》象”从隐晦的符号暗示发展为用文字表述的带有一定文学性的形象。卦爻辞的表现形式是“假象喻意”，即拟取人们生活中习见常闻的物象，通过文字的具体表述，使卦形、爻形内涵的象征旨趣更为鲜明、生动。如上文所引《乾》卦的两爻，由于“潜龙勿用”、“亢龙有悔”这些具体文辞的形象表达，使这两爻的象征意义突出地显示出来了。而每卦的卦辞与六则爻辞，在相互联系中，披露了该卦所蕴涵的事物运动、变化、发展的哲理；六十四卦相承相受，从六十四种角度分别展示不同的环境条件下的事理特征及变化规律——《周易》哲学于是形成了独特的系统，并深刻地影响着后世的文化、思想而流传不衰。

二、《易传》七种十篇，又称《十翼》，汉以后被合入经文并行

宋人林光世《水村易镜·自序》云：

> 古之君子，天地、日月、星辰、阴阳造化、鸟兽草木无所不知，不必读卦辞、爻辞，眼前皆自然之《易》也。世道衰微，《易》象几废，孔圣惧焉，于是作《大象》、《小象》，又作《系辞》……令天下后世皆知此象自仰观俯察而得也[③]。

水村所谓“古之君子”，殆即指当时的卜筮者或学者们，其言不免流于浮夸；但其指出《易传》作者欲令人知《易》象均从仰观俯察而得，遂撰诸篇以明《易》旨，似不违情实。

从现存《易传》的内容看，共有《文言》、《彖传》上下、《象传》上下、《系辞传》上下、《说卦传》、《序卦传》、《杂卦传》七种，凡十篇。这十篇的创作宗旨均在解释《周易》“经”文大义，犹如“经”之“羽翼”，故又称《十翼》(见《周易乾凿度》)。

《易传》解“经”各有一定的侧重点或特定的角度，兹分叙如下。

《文言》，分前后两节，分别解说《乾》、《坤》两卦的象征意旨，故前节称《乾文言》，后节称《坤文言》。“文言”两字之义，即谓“文饰《乾》、《坤》两卦之言”。孔颖达引庄氏曰：“以《乾》、《坤》德大，故特文饰以为《文言》。”(《周易正义》)李鼎祚又引姚信曰：“《乾》、《坤》为门户，文说《乾》、《坤》，六十二卦皆放焉。”(《周易集解》)这两说似已点明《文言》的名义所在。

《彖传》，随上下经分为上下两篇，共六十四节，分释六十四

卦卦名、卦辞及一卦大旨。“彖”字之义，李鼎祚引刘瓛曰：“彖者，断也。”(《集解》)孔颖达引褚氏、庄氏曰：“彖，断也，断定一卦之义，所以名为‘彖’也。”(《正义》)但作为经传之名，其义有二：(一)指卦辞，即《释文》引马融所谓“彖辞，卦辞也”，《左传》襄公九年孔疏从之，称“《周易》卦下之辞谓为《彖》”；(二)指《易传》中的《彖传》，即王弼《周易略例》所谓“统论一卦之体，明其所由之旨也”，《正义》亦曰：“夫子所作《彖辞》，统论一卦之义。”《彖传》阐释卦名、卦辞、卦义的体例，往往取卦象、爻象为说，多能指明每卦中的为主之爻，而以简约明了的文字论断该卦主旨。

《象传》，随上下经分为上下两篇，阐释各卦的卦象及各爻的爻象。其中释卦象者六十四则，称《大象传》；释爻象者三百八十六则[④]，称《小象传》。“象”字之义，犹言“形象”、“象征”，即《系辞下传》所谓：“象也者，像此者也。”但作为经传之名，则有两义：(一)指《周易》的卦形和卦爻辞，《系辞下传》：“《易》者，象也。”《左传》昭公二年叙韩宣子适鲁“见《易象》”即指此；(二)指《易传》中的《象传》，旨在分析卦、爻的象征意义。《大象传》的体例，是先释每卦上下象相重之旨，然后从重卦的卦象中推衍出切近人事的象征意义，文辞多取“君子”的言行、道德为喻。如《乾》卦《大象传》称：“天行健，君子以自强不息。”即表明该卦上下象均为“天”，君子当效法“天”的健行气质，奋发图强；又如《损》卦《大象传》称：“山下有泽，损，君子以惩恶窒欲。”即表明该卦上“山”下“泽”，有损下益上之象，君子当效法此象，时时自损不善。其他诸卦的义例，无不如此。《小象传》的体例，是根据每爻的性质、处位特点，分析爻义吉凶利弊之所以然。如《乾》卦初九爻的《小象传》曰“潜龙勿用，阳在下也”，指明此爻微阳初萌，不可急于施用;又如《明夷》卦六二爻《小象传》曰“六二之吉,顺以则也”,指明此爻柔顺中正,不违法则,故获吉祥。其他诸爻亦均类此。《象传》以言简意明的文辞,逐卦逐爻地解说六十四卦、三百八十四爻的立象所在,使《周易》经文的象征意趣有了比较整齐划一的阐说。

《系辞传》,因其篇幅较长,分为上下两篇。“系辞”二字的名义,有两方面:(一)指卦爻辞,即《正义》所谓“圣人系属此辞于爻卦之下”,“上下二篇经辞是也”;(二)指《易传》中的《系辞传》,亦即《正义》所云“夫子本作《十翼》,申说上下二篇经文系辞,条贯义理,别自为卷,总曰《系辞》”。《系辞传》可视为早期的《易》义通论,文中对《周易》“经”文的各方面内容作了较为全面、可取的辨析、阐发,有助于后人理解八卦、六十四卦及卦爻辞的大义。其中有对《周易》作者、成书年代的推测,有对《周易》“观物取象”创作方法的追述;或辨阴阳之理,或释八卦之象,或疏解乾坤要旨,或展示《易》筮略例;并穿插解说了十九则爻辞的象征意旨(集中见于《系辞上传》者七则,集中见于《系辞下传》者十一则,散见于《系辞上传》者一则,共十九则,详见黄寿祺所撰《从易传看孔子的教育思想》,载《齐鲁学刊》1984 年第 6 期)。当然,《系辞传》在通说《易》义的过程中,也充分地表露了作者的哲学观点;但就其创作宗旨分析,这些哲学观点又无不归趋于《易》理范畴。简言之,《系辞传》的要领,在于发《易》义之深微,示读《易》之范例。

《说卦传》,是阐说八卦象例的专论。全文先追述作《易》者用“蓍”衍卦的历史;再申言八卦的两种方位(宋人称为“先天”、“后天”方位);然后集中说明八卦的取象特点,并广引众多象例,是今天理解、探讨《易》象的产生及推展的重要资料。其中言及八卦的最基本象例：乾为天，坤为地，震为雷，巽为风（为木），坎为水，离为火，艮为山，兑为泽；以及与之相对应的八种大体不变的象征意义：乾健，坤顺，震动，巽入，坎陷，离丽，艮止，兑说（悦）——这在《周易》六十四卦象征义理中几乎是每卦必用的象喻条例，对于明确《周易》卦形符号的构成原理尤有不可忽视的参考价值。

《序卦传》，旨在解说《周易》六十四卦的编排次序，揭示诸卦相承的意义。全文分两段：前段叙上经《乾》至《离》三十卦次序，后段叙下经《咸》至《未济》三十四卦次序。这种卦序，当是相沿已久的[5]；而文中所明各卦依次相承的意义，含有事物向正面发展或向反面转化的朴素辩证观点。可以说，《序卦传》是一篇颇具哲理深度的六十四卦推衍纲要。

《杂卦传》，其取名为“杂”之义，韩康伯云“杂糅众卦，错综其义”（《韩注》），即打散《序卦传》所揭明的卦序，把六十四卦重新分成三十二组两两对举，以精要的语言概括卦旨。文中对举的两卦之间，其卦形或“错”（亦称“旁通”，六爻相互交变）或“综”（亦称“反对”，卦体相互倒置），其卦义多成相反。这种“错”、“综”现象，是六十四卦符号形式的重要特征，从中可以窥探出作者对卦形结构的认识，其哲学意义在于表明事物的发展往往在正反相对的因素中体现其变化规律。

综上所述，我们在大体揭明了《易传》七种的内容要点的同时，可以得出这样一种论断：《易传》的创作，尽管其抒论角度各不相同，或叙述重点各有所主，但其基本宗旨无不就《周易》经文而发。那么，作为《周易》经文出现之后而产生的，并成为自古以来众所公认、无与伦匹的解经专著的《易传》，不但是今天研究《周易》经文的最重要的“津梁”，而且其本身的哲学内涵也值得深入探讨。

应当指出,《易传》七种原皆单行,后来被合入经文并行,自有一段为学者所认识、接受的过程。关于援传连经始于何人的问题,旧有两说。《三国志·魏书·高贵乡公传》记载曹髦与《易》博士淳于俊的一节对话云:

> 帝又问曰:"孔子作《彖》、《象》,郑玄作注,虽圣贤不同,其所释经义一也。今《彖》、《象》不与经文相连,而注连之,何也?"俊对曰:"郑玄合《彖》、《象》于经者,欲使学者寻省易了也。"帝曰:"若郑玄合之,于学诚便,则孔子曷为不合以了学者乎?"俊对曰:"孔子恐其与文王相乱,是以不合,此圣人以不合为谦。"

这段资料说明淳于俊认为,东汉的郑玄合《彖传》、《象传》于经文。《崇文总目》云:"凡以《彖》、《象》、《文言》杂入卦中者,自费氏始。"晁公武《郡斋读书志》亦曰:

> 凡以《彖》、《象》、《文言》等参入卦中,皆祖费氏。东京荀、刘、马、郑皆传其学。王弼最后出,或用郑说,则弼亦本费氏也。

这是主张西汉的费直连传于经。两说孰是,尚无定论;但汉代学者出于便利诵习的目的,编成经传参合本,当是较为可信的说法。

经传合编本《周易》出现于汉代,是当时崇尚经学的社会背景的一方面反映。后代学者多依此本研读,影响至为广大,遂使《易传》的学术价值提高到与"经"并驾齐驱的地位,乃至人们在传述研究时论及《周易》一书,事实上往往兼指"经"、"传"两部分。

三、对《周易》经传作者、创作时代的考察："经"作于商末周初，"传"作于春秋、战国之间，经传并是"人更多手、时历多世"的集体撰成的作品

《周易》的作者、创作时代，是《易》学史上争论已久的重要问题。今天探讨这一问题，当分别就"经"、"传"的内容作具体辨析。

八卦的作者，《系辞下传》以为是伏羲，似属较早的传说，前人多信而不疑。

重卦始于何人，唐以前有四种主要说法：王弼以为伏羲重卦，郑玄之徒以为神农重卦，孙盛以为夏禹重卦，司马迁以为文王重卦(见《周易正义 · 序》)。

卦爻辞的作者，唐以前有两种主要说法：一说以为卦辞、爻辞并是周文王所作，郑学之徒并依此说；二以为验爻辞多是文王后事，以为卦辞文王所作，爻辞周公所作(见《周易正义 · 序》)。

《易传》的作者，孔颖达云："其《彖》、《象》等《十翼》之辞，以为孔子所作，先儒更无异论。"(《周易正义 · 序》)直至宋欧阳修撰《易童子问》，才第一次对孔子作《十翼》提出疑问。

可见，从先秦到北宋初的《易》学研究历史中，关于《周易》作者的争端，主要集中在重卦与卦爻辞的创作究竟归属何人的问题上。但在汉代学术界，较为通行的权威性观点，当推司马迁的论断，其说如下：

> 西伯……囚羑里，盖益《易》之八卦为六十四卦。(《史记 · 周本纪》)

> 自伏羲作八卦，周文王演三百八十四爻，而天下治。（《史记·日者列传》）
>
> 文王拘而演《周易》。（《报任少卿书》）
>
> 孔子晚而喜《易》，序《彖》、《系》、《象》、《说卦》、《文言》。（《史记·孔子世家》）

班固撰《汉书》，承司马迁说，对《周易》的作者问题作了简要的总结，其《艺文志》先引述《系辞下传》伏羲“始作八卦”诸语，又曰：

> 至于殷、周之际，纣在上位，逆天暴物，文王以诸侯顺命而行道，天人之占可得而效。于是重《易》六爻，作上下篇。孔氏为之《彖》、《象》、《系辞》、《文言》、《序卦》之属十篇。故曰《易》道深矣，人更三圣，世历三古。

其中“三圣”、“三古”之义，颜师古注云：“伏羲为上古，文王为中古，孔子为下古。”这种说法，在汉代最为学者所接受，《周易乾凿度》亦谓“垂黄策者羲，益卦演德者文，成命者孔也”。故可视为汉儒之通谊。

北宋欧阳修以勇于疑古的精神，考辨了《易传》七种的内容，指出《文言》、《系辞传》、《说卦传》有相互牴牾之处，而《系辞传》前后文又有相矛盾之处，认为《系辞传》、《文言》、《说卦传》、《序卦传》、《杂卦传》非出自一人之手，不可视为孔子所作。其说略云：“昔之学《易》者杂取以资其讲说，而说非一家，是以或同或异，或是或非。”“余所以知《系辞》而下非圣人之作者，以其言繁衍丛脞而乖戾也。”“至于‘何谓’、‘子曰’者，讲师之言也；《说卦》、《杂卦》者，筮人之占书也：此又不待言而可以知者。”（《易童子问》）欧阳修所疑，只是《易传》中的五种；而《彖传》、《象传》两种，似仍以为撰于孔子。

自欧阳修之后，疑古学风渐启。以至清人姚际恒《易传通论》、康有为《新学伪经考》等，均认为《易传》非孔子所作。康有为曰：

> 史迁《太史公自序》，称“《系辞》”为“《易大传》”，盖《系辞》有“子曰”，则非出孔子手笔，但为孔门弟子所作，商瞿之徒所传授，故太史谈不以为经而为传也。至《说卦》、《序卦》、《杂卦》三篇，《隋志》以为后得，盖本《论衡·正说篇》“河内后得《逸易》”之事，《法言·问神篇》“《易》损其一也，虽蠢知阙焉”，则西汉前《易》无《说卦》可知。扬雄、王充尝见西汉博士旧本，故知之。《说卦》与孟、京《卦气图》合，其出汉时伪托无疑。《序卦》肤浅，《杂卦》则言训诂，此则歆（引者案，指刘歆）所伪窜，并非河内所出，宋叶适尝攻《序卦》、《杂卦》为后人伪作矣（《习学记言》）。歆既伪《序卦》、《杂卦》二篇，为西汉人所未见。又于《儒林传》云“费直徒以《彖》、《象》、《系辞》十篇《文言》解说上下经”；此云“孔氏为之《彖》、《象》、《系辞》、《文言》、《序卦》之属十篇”；又叙《易经》十二篇而托之为施、孟、梁丘三家；又于《史记·孔子世家》窜入“孔子晚而喜《易》，序《彖》、《系》、《象》、《说卦》、《文言》”。颠倒眩乱，学者传习，熟于心目，无人明其伪窜矣。（《新学伪经考·汉书艺文志辨伪》）

上述议论完全推翻了孔子作《易传》的旧说，并断言《说卦传》、《序卦传》、《杂卦传》三篇为汉人伪作。此说带有不少主观臆测成分，但对后来学术界疑古风气的盛行则产生了颇为重要的影响。

上世纪二三十年代间，学术界关于《周易》的作者和时代问题的讨论出现了一次热潮，主要倾向是否定汉儒的说法。其基本观点约可归纳如下：《周易》“经”部的作者，顾颉刚、余永梁等人认为非伏羲、文王所作，而是周初作品；李镜池等人认为《周易》编定于西周晚期，与《诗经》时代略同，作者亦非一人；郭沫若认为《周易》之作决不能在春秋中叶以前，当在春秋以后，作者是孔子的再传弟子馯臂子弓。至于《易传》，说者多承欧阳修以来“非孔子所作”的观点，郭沫若则进一步推测《易传》中的大部分是荀子的门徒们、楚国人所著，著书时代当在秦始皇三十四年(前 213)以后；钱玄同认为西汉初田何传《易》时，只有上下经和《彖》、《象》、《系辞》、《文言》诸传，西汉中叶后加入汉人伪作的《说卦传》、《序卦传》、《杂卦传》三篇；李镜池又对诸篇作具体推测，以为《彖传》、《象传》作于秦汉间，《系辞传》、《文言》作于汉昭、宣间，《说卦传》、《序卦传》、《杂卦传》作于昭、宣后⑥。

此后四十余年来，人们又陆续对《周易》经传的作者进行了不同角度的探讨⑦，所得结论亦未臻一致，而较有影响的看法是卦爻辞作于周初，《易传》作于春秋战国间，经传作者均非一人，当是经过多人多时加工编纂而成的⑧。

值得注意的一个问题是，近年来，中国大陆考古学界对商周甲骨文、陶文、金文中的一些原先未解的“奇字”进行了探研，指出这些“奇字”即是商周时期以数字形式刻写下来的八卦、六十四卦符号，因而认为《易》筮时代至少应上推至商代，而周文王重八卦为六十四卦的说法也应予以纠正⑨。

当然，“数字卦”问题目前尚在探讨，能否成为确论，有待学术界的进一步研究。但据《周礼》云：“太卜掌《三易》之法，一曰《连山》，二曰《归藏》，三曰《周易》。其经卦皆八，其别皆六十有四。”郑玄注引杜子春云：“《连山》，宓羲；《归藏》，黄帝。”《周易正义序》引郑玄《易赞》及《易论》云:“夏曰《连山》,殷曰《归藏》,周曰《周易》。”《玉海》引《山海经》云:“伏羲氏得河图,夏后因之,曰《连山》;黄帝得河图,商人因之,曰《归藏》;列山氏得河图,周人因之,曰《周易》。”这些文献记载,说明周代以前即有与《周易》相类似的筮书《连山》、《归藏》[10],其卦形符号均为八卦重成的六十四卦;清人顾炎武依据《周礼》之说及《左传》所载春秋筮例,认为重卦应在周以前,“不始于文王”,而周初的卦爻辞写定以后,《周易》才被取名为“《易》”[11]。此说似颇可取。

在上引诸多研究成果的基础上,我们可以说,八卦的出现和六十四卦的创成,当在西周以前的颇为远古的年代;古人称其作者为伏羲、神农、夏禹之类的“圣人”,自然是一种带有崇古、崇圣心理的传说,但此中所涉及的时代范围却是可以参考的。那么,既然远在西周以前就产生了以六十四卦符号为基础的筮书,与之相应的筮辞也很可能同时出现了(至少在口头上流传)[12]。沿此进展,西周初年产生了一部新编的卦形、卦爻辞井然有序的《周易》,则是于理颇顺的。《系辞下传》说:“《易》之兴也,其当殷之末世,周之盛德邪?当文王与纣之事邪?”又说:“《易》之兴也,其于中古乎?作《易》者,其有忧患乎?”正是对《周易》卦爻辞创作时代较为审慎而且可取的推测。因此,我们不妨对《周易》卦形和卦爻辞的创作历程作出初步的拟议——西周以前的漫长岁月中,古人就已经运用以八卦重成的、类同《周易》六十四卦的符号进行占筮活动,甚或还附有简单的筮辞;到了殷末周初,当时的学者(或筮人)对旧筮书进行了革故鼎新的改编工作,改编的大致内容可能是:(一)使卦形符号规范化;(二)确定六十四卦卦序;(三)充实卦爻辞文句;(四)又经过多时、多人的润色、增删,最后编定成卦形体系完整、卦爻辞文句富有形象性的《周易》,时当为商朝灭亡、周朝鼎盛之际,约公元前十一世纪。此后,随着治《易》者的不断增多,尤其是孔子设教授徒亦涉及《易》学,遂陆续出现了从各种角度阐释《周易》大义的作品,并被学者编为专书传习,这就是汉儒称为《十翼》的《易传》。从《易传》中保留的不少"子曰"云云的言论,以及大部分内容所反映的浓厚的儒家思想,似可说明其作者当属孔门弟子们,而创作时代当在春秋、战国之间。总之,应该认为,《周易》经传的创作经历了远古时代至春秋战国之间的漫长过程,是"人更多手,时历多世"的集体撰成的作品。

四、《周易》的命名之义,"周"指周代,"易"谓变易

古人凡著一书,必重于立其名义。那么,《周易》的命名意义何在呢?

先叙"周"字。

"周"字之义,自来有两说:一曰"周"指周代。《周易正义·序》云:"案《世谱》等群书,神农一曰连山氏,亦曰列山氏;黄帝一曰归藏氏。既《连山》、《归藏》并是代号,则《周易》称'周'取岐阳地名。《毛诗》云'周原朊朊'是也。又文王作《易》之时,正在羑里,周德未兴,犹是殷世也,故题'周'别于殷;以此文王所演,故谓之《周易》。其犹《周书》、《周礼》,题周以别余代。故《易纬》云'因代以题周'是也。"二曰"周"字义取"周普"。《周易正义·序》又引郑玄释《周礼》"三易"之义曰:"《连山》者,象山之出云,连连不绝;《归藏》者,万物莫不归藏于其中;《周易》者,言《易》道周普,无所不备。"陆德明《经典释文》认为:"周,代名也;周,至也,遍也,备也,今名书义取周普。"是陆氏虽兼取两说,而实主"周

普”之义。孔颖达指出：“先儒又兼取郑说，云既指周代之名，亦是普遍之义，虽欲无所遐弃，亦恐未可尽通。其《易》题‘周’，因代以称周，是先儒更不别解。”（《周易正义·序》）自孔颖达以来，注《易》之家专主“周”为代名者至为众多，今当从之。

再叙“易”字。

“易”字之义，古今说者尤多。考其本义，当为“蜥易”。《说文》云：“易，蜥易、蝘蜓、守宫也。象形。”其字篆文作“[illegible]”，正像蜥易之形，蜥易即壁虎类动物，以其能十二时变色，故假借为“变易”之“易”。孔颖达指出：“夫‘易’者，变化之总名，改换之殊称。自天地开辟，阴阳运行，寒暑迭来，日月更出，孚萌庶类，亭毒群品，新新不停，生生相续，莫非资变化之力、换代之功。然变化运行，在阴阳二气，故圣人初画八卦，设刚柔两画，象二气也；布以三位，象三才也。谓之为《易》，取变化之义。”（《周易正义·序》）其他不同说法，择其要者约有六种：（一）《周易乾凿度》云：“‘易’一名而含三义：所谓易也，变易也，不易也。”即谓“易”含有“简易”、“变易”、“不变”三层意义。其书又详释曰：“易者，其德也。光明四通，简易立节，天以烂明，日月星辰，布设张列，通精无门，藏神无穴，不烦不扰，澹泊不失，此其易也。变易者，其气也。天地不变，不能通气，五行迭终，四时更废，君臣取象，变节相移，能消者息，必专者败，此其变易也。不易者，其位也。天在上，地在下，君南面，臣北面，父坐子伏，此其不易也。”（二）《说文》又引“秘书说：‘日月为易，象阴阳也。’一曰：‘从勿。’”考虞翻《易注》引《参同契》云“字从日下月”，取日月更迭、交相变易为说，意义与《说文》引正相同。清儒治《虞氏易》者，多遵其说。唯“从勿”之义，则颇难通。（三）清初毛奇龄撰《仲氏易》，略总前儒之说，谓“易”兼有“变易”、“交易”、“反易”、“对易”、“移易”五义。其谓“反易”实即虞翻之“反对”,“移易”即荀爽之“升降”,“对易”亦同虞翻之“旁通”:此多取汉魏说《易》条例以释“易”名,义虽未为详备,要不为冥心臆测,用力亦勤。(四)桐城吴挚甫先生撰《易说》,又别为一解,云“易者占卜之名,因以名其官”。尚秉和先生宗其说,谓《史记·礼书》“能虑勿易”,即言能虑者则不占,故坚主“易”字本诂谓“占卜”。(五)近人余永梁著《易卦爻辞的时代及其作者》一文(载中央研究院《历史语言研究所集刊》第一本第一分册,1931年出版),认为筮法乃周人所创,以替代或辅助卜法,较龟卜为简易,故名书曰《易》。此说与《乾凿度》“易简”之义,名同而实异。(六)近人黄振华著《论日出为易》一文(载《哲学年刊》第五辑,1968年11月台湾商务印书馆印行),据殷代甲骨文“易”字作“[illegible]”,认为字形象征“日出”,上半部尖顶表示初出的太阳,中间弧线表示海的水平面或山的轮廓线,下面三斜劈线表示太阳的光彩。并谓“日出”象征阴阳变化,大义亦主于“变易”。综观众说,立言纷纭。笔者以为,其义当就本义与后起义分别观之。《系辞上传》云“圣人设卦观象,系辞焉而明吉凶,刚柔相推而生变化”。《下传》云“八卦成列,象在其中矣;因而重之,爻在其中矣;刚柔相推,变在其中矣;系辞焉而命之,动在其中矣”。于此可见“易”之名书本义为“变易”,《说文》所释可从;易简、不易等义,当为后起之说。而所谓“‘易’兼有变易、交易、反易、对易、移易五义”,实皆不出“变易”一义之范围,举“变易”而五义可尽赅。至如以“日月”、“日出”释字形者,其旨不离“变易”,亦并可备为参考[13]。视《周易》书名的西语意译,多作《变化的书》(*The Book of Changes*),即立足于“易”字本义,颇见确切。

要言之,《周易》命名之义,“周”为代名,“易”主变易。古代典籍多简称为《易》，即强调其书所言之"变化"大旨。而"六经"之名，起于孔门弟子(本章学诚《文史通义》说)；西汉初，《周易》为被列为学官的"经"书之一，学者遂尊称为《易经》。又因《易传》被合入经内并行，后来广义上的《周易》则兼指"经"、"传"。此即《周易》名义及其前后流变的大略情状。

五、《周易》一书的性质，就经传大旨分析，应当视为我国古代一部特殊的哲学专著

《周易》的性质，历来颇有争论。主要的分歧是：或以为是筮书，或以为是哲学著作。这一问题牵涉到对《周易》经传大义的认识，因此这里亦分经传两部分试作探讨。

显然，《周易》的卦形、卦爻辞创成之后，其最突出的效用是占筮。无论《周礼》谓"太卜掌《三易》之法"，还是《左传》、《国语》所载诸多《易》筮史例，都足以印证这一事实。但古代的占筮往往与政治大事密切相关，天子、诸侯的政治、军事措施，有时必须取决于卜官的占筮结果；那么，在占筮过程中，事实上影响人们思想、左右人们行动的关键因素是筮书所表露的哲学内涵。换言之，要是抽掉了《周易》内在的哲学意义，则其书必不可能成为古代"太卜"所执掌的上层统治阶级奉为"圣典"的重要书籍。因此，朱熹虽极力强调"《易》本为卜筮而作"，却也不曾抹煞其哲学意蕴，认为"孔子恐义理一向没卜筮中，故明其义"(《朱子语类》)。清人皮锡瑞指出：

> 伏羲画卦，虽有占而无文，而亦寓有义理在内。……左氏杂采占书，其占不称《周易》者，当是夏、殷之《易》，而亦未

> 尝不具义理;若无义理,但有占法,何能使人信用?观夏、殷之《易》如是,可知伏羲、文王之《易》亦如是矣。周衰而卜筮失官,盖失其义,专言祸福,流为巫史。左氏所载,焦循尝一一辨其得失,曰:《易》至春秋,淆乱于术士之口,谬悠荒诞,不足以解圣经,孔子所以韦编三绝而翼赞之也。……孔子见当时之人,惑于吉凶祸福,而卜筮之史加以穿凿傅会,故演《易》系辞,明义理,切人事,借卜筮以教后人,所谓以神道设教。其所发明者,实即羲、文之义理,而非别有义理;亦非羲、文并无义理,至孔子始言义理也。(《经学通论》)

皮氏的基本观点,是不同意把《周易》看成简单的“筮书”,认为八卦、六十四卦符号及卦爻辞均寓含“义理”,而《易传》作者只是把这些义理作了更加鲜明、更加切近“人事”的阐发。这种认识应当是较为客观、可取的。其实,倘若《周易》的卦形、卦爻辞没有内在的哲学性质,无论哪一位“圣人”,都无法凭空阐发出其中的“义理”来。所以,我们必须认识到,尽管《周易》的出现是以卜筮为用,但其内容实质却含藏着深邃的哲学意义。

只要认真剖析《周易》六十四卦的大义,我们不难发现,自从代表阴阳观念的爻画产生之日开始,《周易》哲学就奠下了符号象征的基础,或者说出现了最初的萌芽因素;而当八卦重成的独具体系的六十四卦及卦爻辞撰成编定之后,《周易》的象征哲学就完全显示出奇异的思想光华。这一点,前文叙《周易》创作过程时已略有提及,下面再举一些例子从四方面试为印证。

(一) 从整体角度看,六十四卦是六十四种事物、现象的组合,一一喻示着特定环境、条件下的处事方法、人生哲理、自然规律等。如《乾》卦象征“天”,喻示“刚健”气质的发展规律;《坤》卦象征“地”,喻示“柔顺”气质的客观功用;《屯》卦象征“初生”,喻示事物“草创”之际排除艰难而发展的情状;《蒙》卦象征“蒙昧”,喻示事物蒙稚之时“启蒙发智”的道理。其余诸卦无不如是,均喻示某种具体的事理;而六十四卦的旨趣,又共同贯串会通而成作者对自然、社会、人生在运动变化中发展规律的基本认识,并反映着颇为丰富的哲学意义。

(二)分别诸卦来看,各卦六爻之间在“义理”上的联系,是十分明显的;而这种联系,正是某种事物、现象的变动、发展规律的象征性表露,也是一卦哲学内容的具体反映。举《师》卦为例,全卦象征“兵众”,阐明用兵的规律:初六阴爻处下,为“用兵”初始之象,爻辞说“兵众出发要用法律、号令来约束,军纪不良必有凶险”(“师出以律,否臧凶”),极言严明军纪的必要性;九二阳刚处中,上应六五,为率兵主帅之象,爻辞说“统率兵众,持中不偏可获吉祥,无所咎害;君王多次给予奖赏、委以重任”(“在师,中吉,无咎;王三锡命”),揭明主帅出师成功的条件;六三处下卦之上,阴柔失正,为力微任重、贪功冒进之象,爻辞说“兵众时而载运尸体归来,有凶险”(“师或舆尸,凶”),陈述出师失利败绩的教训;六四处上卦之下,柔顺得正,为谨慎用兵之象,爻辞说“兵众撤退暂守,免遭咎害”(“师左次,无咎”),指出用兵有时必须退守的情状;六五柔中居尊,为有德“君主”、慎于用兵之象,爻辞先说“田中有禽兽,利于捕取,必无咎害”(“田有禽,利执言,无咎”),又说“委任刚正长者可以统率兵众,委任无德小子必将载尸败归,守持正固以防凶险”(“长子帅师,弟子舆尸,贞凶”),这是模拟“君主”的身份、地位,申言用兵适时及谨慎择将的道理;上六柔居卦终,为班师归来之象,爻辞说“天子颁发命令,封赏功臣为诸侯、大夫,小人不可重用”(“大君有命,开国承家,小人勿用”),体现出师终了、论功行赏的法则。总归六爻大义,从“兵众”初出到收兵归来,分别展示了用兵的各方面要旨;其中贯穿一体、相互联系的本质意义,则是强调“师”以“正”为本。这就是卦辞所概括的:“《师》卦象征兵众:守持正固,贤明长者统兵可获吉祥,必无咎害”(“师:贞,丈人吉,无咎”)。若进一步分析六爻的哲学内涵,我们可以从爻中反映的胜败、进退、利弊、得失的种种喻象,领会出作《易》者所流露的早期军事思想的朴素辩证因素。可见,卦辞提纲挈领的概括,与六爻爻辞互为联系的分述,揭示出该卦卦象、爻象的象征本旨:卦爻的义理因之而显,全卦的哲学内容也由此得以体现。纵观《周易》六十四卦,均同此例。

(三)若将有关卦义两相比较,又可以发现六十四卦的哲理十分突出地反映着事物对立面矛盾转化的变动规律。如《乾》、《坤》两卦,象征“刚健”与“柔顺”的对立转化;《泰》、《否》两卦,象征“通泰”与“否闭”的对立转化;《损》、《益》两卦,象征“减损”与“增益”的对立转化,等等。不仅卦与卦之间如此,在一卦的具体爻象中,也往往喻示这一哲理;各卦的上爻多喻物极必反的意旨,即是最显著的例证。

(四)用综合分析的方法考察,《周易》六十四卦的内容又涉及作者对所处时代的思想意识形态各领域的多方面认识。其中有反映作者政治思想的,如《同人》卦流露的对“天下和同”理想的追求,《革》卦含藏的“革除弊政”的愿望等;有反映作者伦理思想的,如《家人》、《归妹》卦表述的对家庭结构、男婚女嫁问题的看法等;有反映作者经济思想的,如《节》卦喻示的“节制”观念,《贲》卦阐明的“质朴”主张等;有反映作者法制思想的,如《讼》、《夬》卦关于争讼和决除邪恶问题的阐述,等等。总之,一部《周易》的思想内容是十分丰富的,而无论哪一方面思想的反映,都建立在变化哲学的基础上。具体说,六十四卦纷繁复杂的内容,尽管涉及面十分广泛，却集中体现着统一的哲学原理：阴阳变化的规律。程颐指出："六十四卦、三百八十四爻，皆所以顺性命之理，尽变化之道也。散之在理，则有万殊；统之在道，则无二致。"(《河南程氏遗书·易序》)这里所说的"变化之道"，事实上就是《周易》哲学思想的核心。

应当指出，六十四卦的哲理，是通过"象征"形式表现出来的。《系辞下传》曰"《易》者，象也"；《左传》昭公二年载："晋侯使韩宣子来聘，……见《易象》与《鲁春秋》。"这是现存文献中最早视《周易》为"象"的例证。六十四卦的卦形、爻形，以及相应的卦辞、爻辞，均是特定形式的"象征"：前者依赖卦爻符号的暗示，后者借助卦爻辞文字的描述——两者相互依存，融会贯通，共同喻示诸卦诸爻的象征义理。王弼曰："触类可为其象，合意可为其征。"(《周易略例·明象》)项安世云："凡卦辞皆曰象，凡卦画皆曰象；未画则其象隐，已画则其象著。"(《周易玩辞》)这两说分别指出《易》象触类旁通，以及文辞与卦形相辅而明"《易》象"的特点。那么，我们在研究《周易》六十四卦的过程中，必须细致把握这种象征规律，才能透过卦形、卦爻辞的外在喻象，领悟其内在的哲学涵义。

根据上文对六十四卦哲学意义的简要分析，我们认为《周易》的占筮，仅仅是古人对六十四卦义理的一方面运用[14]；《周易》的象征，是其书哲学内容的基本表现形式；而贯穿全书的反映事物对立、运动、变化规律的思想，则是六十四卦哲理的根本核心。因此，《周易》的"经"部分，虽以占筮为表，实以哲学为里，应当视为一部独具体系的哲学著作。

关于《易传》的性质，人们比较一致认为是一组颇有深度的哲学著述。对《易传》思想的归纳，近人作过一些尝试，如张立文将其归为六点,曰:政治思想、唯物主义的自然观、朴素辩证法思想、唯物主义认识论、道德伦理思想、社会进化的历史观等(《周易思想研究》,1980 年 8 月湖北人民出版社出版);张岱年将其归为三点,曰:本体论学说、辩证法思想、人生理想与政治观点等(《论〈易大传〉的著作年代与哲学思想》,载《中国哲学》第一辑,1981 年北京三联书店出版)。其他论著尚多,兹不赘引。诸说归纳分析的角度、方法虽不尽同,但其基本认识均在于肯定《易传》作为一组古代哲学著作的丰富的思想价值。

然而,《易传》哲学思想的一个重要特色,是建立在对《周易》经义的阐释、发挥的基点上。因此,其中有相当一部分思想内容,如关于阴阳矛盾、运动变化的朴素辩证观念,关于以乾坤为本的宇宙生成说,乃至关于政治、伦理、道德各方面的观点,常常是六十四卦大义的直接引申,与"经"的本旨是无法割裂的。当然,也有不少内容是《易传》作者的独特见解,但也是在阐"经"过程中得出的。朱熹论《系辞传》云:"或言造化以及《易》或言《易》以及造化,不出此理。"(《朱子语类》)意谓作者在"言《易》"的同时,泛及自然界的发展规律,以体现其哲学观点。这一看法用来说明整个《易传》,似也大略适合。可以说,没有"经"的哲学基础,就没有"传"的思想体系;有了"传"的推阐发挥,"经"的哲学就更加显明昭著。所以,我们认为,《易传》七种的性质,应当视为一组以阐解《周易》经义为宗旨的富有鲜明思想观点的哲学著作。

当然,六十四卦义理和《易传》思想是不同时代的产物,其内容与价值必须结合特定的历史背景进行具体深入的考察,才能得出全面、科学的结论。但通过上文的简单分析,我们可以对《周易》的性质作出如下认识:包涵经传在内的《周易》一书,由于其早期部分内容诞生之古远，及其核心思想意义之深邃，不能不视为我国古代一部特殊的哲学专著。

六、《易》学史的流派至为繁杂，要以“象数”、“义理”两派为主

《易》学研究的历史，其源流派别至为纷繁复杂。先秦时期，《左传》、《国语》及诸子哲学著作载有不少《易》说，当属《易》学史的滥觞阶段。

孔子开创儒学，并以“六经”传授门徒，《周易》必为一项课程。《易传》屡引孔子阐《易》言论；《史记·孔子世家》称其“读《易》韦编三绝，曰‘假我数年，若是，我于《易》则彬彬矣’”；旧题《子夏易传》一书[15]，相传即孔子学生卜商(字子夏)所作。由此可以推知，孔子对《易》学作过较深刻的探讨，堪称先秦《易》学史上一位有影响的研《易》大师。至于《易传》七种，以其解经精辟，亦可看作集先秦研《易》成果之大成的第一部《易》学论著。

秦政焚书，《易》独以卜筮幸存，较群经为最无阙。汉置“五经博士”，学人又以《易传》连经并行，《易》学研究至见昌盛[16]。但此时经说之最复杂者，亦莫如《易》。西汉的《易》学派别，大抵可分为四派：一曰训故举大谊，周王孙、服光、王同、丁宽、杨何、蔡公、韩婴七家是也；二曰阴阳候灾变，孟喜、京房、五鹿充宗、段嘉四家是也；三曰章句守师说，施雠、孟喜、梁丘贺、京房学官博士所立以教授者是也[17]；四曰《十翼》解经意，费直无章句，专以《易传》解说，民间所用以传授者是也。东汉的《易》学派别，亦可分为四派：一曰马融、刘表、宋衷、王肃、董遇，皆为《费氏易》作章句(《费氏易》无章句，诸家各为立注)；二曰郑玄、荀爽，先治《京氏易》，后参治《费氏易》(郑玄从第五元先通《京氏易》，荀爽

从陈实受樊英句，亦京氏学）；三曰虞翻，本治《孟氏易》，杂用《参同契》纳甲之术；四曰陆绩，专治《京氏易》。明确了上述线索，则“汉易”的主要流派，约略可知[18]。

自魏王弼《易注》盛行之后，汉《易》渐衰，这是《易》学变化的一大关键。陆德明《经典释文·序录》指出：

> 永嘉之乱，施氏、梁氏之《易》亡，孟、京、费之《易》人无传者。惟郑康成、王辅嗣所注行于世，而王氏为世所重[19]。

《隋书·经籍志》云：

> 梁丘、施氏、高氏亡于西晋[20]，孟氏、京氏有书无师。梁、陈，郑玄、王弼二注列于国学；齐代唯传郑义。至隋，王注盛行，郑学浸微，今殆绝矣。

孔颖达《周易正义·序》亦曰：

> 传《易》者，西都则有丁、孟、京、田；东都则有荀、刘、马、郑，大体更相祖述，非有绝伦；惟魏世王辅嗣之注，独冠古今，所以江左诸儒并传其学，河北学者罕能及之。

观此诸文，可知王弼《易注》的势力，笼罩于魏晋南北朝之间，虽郑玄之注也莫能抗行，足征“象数”《易》学见绌于“玄理”《易》学。

唐初修撰《五经正义》，《周易》采用王弼、韩康伯注[21]，孔颖达为之作疏。于是王弼《易》学，在唐代广为学者传习，几定于一尊。惟李鼎祚撰《周易集解》，采摭汉儒以讫唐代象数家之说，得三十五家[22]，崇象数，黜玄言，“汉《易》”余绪，赖以仅存。

及宋，陈抟、刘牧、邵雍之徒出，而后遂有“先天图”、“后天图”、“河图”、“洛书”诸图说。《易》学之途，又为之一变[23]。朱熹、蔡元定等取用诸图，引申其说，并参以义理，而后遂有“宋

《易》”之名与“汉《易》”相对峙[24]。而胡瑗、程颐专阐儒理，李光、杨万里参证史事，两者各为宗派[25]，《易》学派别之分歧，日益繁多。

元代诸儒，大抵笃守程、朱遗说。如吴澄《易纂言》、胡震《周易衍义》等即是。明初犹然。如胡广《周易大全》、蔡清《易经蒙引》等书影响较著。明中叶以后，有以“狂禅”解经者，如方时化《学易述谈》四卷，总以禅机为主；徐世淳《易就》六卷，语多似禅家机锋；苏濬《周易冥冥篇》，观其书名，即可知援禅入《易》；至释智旭著《周易禅解》十卷，更明言以禅解《易》。这又是当时《易》学流派的一个旁支。

至清儒辈出，务求征实，如惠栋《易汉学》即属重要代表作。此时“宋《易》”遂至受攻击而逐渐消沉，风气又为之一变。

清乾隆间，四库馆臣综观《易》学历史的源流变迁，概括为“两派六宗”之说。其言曰：

> 《左传》所记诸占，盖犹太卜之遗法，汉儒言象数，去古未远也；一变而为京、焦，入于机祥；再变而为陈、邵，务穷造化，《易》遂不切于民用。王弼尽黜象数，说以老、庄；一变而(为)胡瑗、程子，始阐明儒理；再变而(为)李光、杨万里，又参证史事，《易》遂日启其论端。此两派六宗，已互相攻驳。(《四库全书总目·经部易类小序》)

此说归纳了《易》学史上最有影响的流派。总其大端，即为“象数”、“义理”两派。“象数派”的正宗学说，见于汉儒以《易》象(八卦的众多卦象)、《易》数(阴阳奇耦之数)为解《易》途径，既切占筮之用，又发《易》理深蕴；“义理派”主于阐明《周易》的哲学大义，王弼以老、庄思想解《易》已开其风气，至胡瑗、程颐则蔚为大观。平心而论,汉儒以"象数"解《易》,有时执泥卦象,并杂入种种术数之说,每使《易》义支离破碎;王弼一扫旧习,独树新帜,援玄理为说固属一弊,但亦非尽弃象数,其宗旨实在于探寻完整的《易》象,把握《易》理内蕴,使六十四卦经义条贯不紊[26]。故此两派立说互有可取之处,吴承仕先生云"名物为象数所依,象数为义理而设"[27],即言"象数"、"义理"当相互参用,才能明辨《周易》大旨。

但"两派六宗"仅就《易》学主要派系而言,尚未足以尽赅《周易》研究的广阔领域。故《四库全书总目·易类小序》又曰:

> 又《易》道广大,无所不包,旁及天文、地理、乐律、兵法、韵学、算术,以逮方外之炉火,皆可援《易》以为说,而好异者又援以入《易》,故《易》说愈繁[28]。

可见,在历代《易》学研究中,所涉及的学术领域至为宽广。

辛亥革命以后,《易》学研究的趋势出现了一个重大变化。即除了继承前人的成果,在象数、义理两方面进行深入探讨之外,更多的学者注重于接受现当代科学理论,从各种新的角度研究《周易》。其中有从史学角度探讨《周易》的史料价值,有从循环论和辩证法的角度探讨《周易》的哲学意义,有从文学的角度探讨《周易》的文艺学价值,有从自然科学(包括数学、物理学、化学、天文学、历学、医学、量子力学、生物遗传学等)角度探讨《周易》与诸学科原理的相通之处,有运用不同的方法探讨《周易》经传的名义、作者、创作年代、发源地域诸问题,等等。这期间出现的较有影响的《易》学两大家:一是杭辛斋,著有《易数偶得》、《学易笔谈初集》、《学易笔谈二集》、《易楔》、《读易杂识》、《愚一斋易说订》、《改正揲蓍法》等七种,主于贯通旧学新知,蔚为一家之言;二是尚秉和先生,著有《焦氏易诂》、《焦氏易林注》、《周易尚氏学》等书,专研象数之学,创为新说,“解决了旧所不解的不可胜数的易象问题”(于省吾《周易尚氏学序》),甚为学术界所推重。

近年来,湖南长沙马王堆汉墓出土的《帛书周易》,引起人们的研究兴趣。《帛书周易》的内容包括三部分:六十四卦经文;《系辞传》残卷;《卷后佚书》等(详于豪亮著《帛书周易》,载《文物》1984 年第 3 期)。由于《帛书周易》与通行本不尽相同,故学术界对之研究大致围绕四个方面:(一)关于六十四卦卦序问题;(二)卦爻辞文字与各本的异同问题;(三)《卷后佚书》的考证问题;(四)《系辞传》残卷的辨析问题。尽管目前诸问题尚未取得定论,但随着研究的深入,必将有新的成果出现。

总之,从先秦两汉至现当代的两千多年中,《周易》研究的历史是漫长的,《易》学流派及著述是繁杂众多的。皮锡瑞云:“说《易》之书最多,可取者少”(《经学通论》),此说或有一定依据;但作为一项学术研究的课题,我们应当认真考辨历史上的种种既有成果,扬榷是非,厘订得失,才能在前人努力的基础上进一步使这门学问的研究向前推展。

七、研究《周易》必须把握一定的方法,今天尤宜运用科学理论品评此书在学术史上的各方面价值

《周易》研究的方法论,曾经是二十世纪六十年代初学术界引起讨论的一个问题。讨论的中心集中于两点:(一)研究《周易》哲学是否应当以“传”解“经”;(二)在研究中如何划分现代

观念与古人思想的界限。当时的讨论似仅涉及局部范围,尚未深入展开,故也未能得出全面的结论[29]。

事实上,《易》学史中的不同流别,往往都采用过各具特色的研究方法。如《左传》、《国语》所载《易》说重在"本卦"、"之卦"的爻变,汉儒解《易》常用"互体"、"卦变"、"卦气"、"纳甲"、"爻辰"、"升降"、"消息"、"之正"等法,王弼《易注》参以老庄哲理,程颐《易传》贯注着儒家思想,李光、杨万里援史证《易》,等等,均在一定程度上反映前人对《易》学研究方法的不同理解及运用。

那么,今天我们必须采用怎样的方法研究《周易》呢?笔者以为,应当把握以下几个方面要点。

第一,从源溯流。《易》学研究的根本对象是《周易》经传,故研究者首须熟习经传本文,考明《左传》、《国语》所载古筮例;其次,研读汉魏古注(李鼎祚《周易集解》所存最多);再次,观六朝、隋、唐诸家义疏(孔颖达《周易正义》多本六朝义疏);最后,参考宋、元以来各家之经说(宋、元人经说多存于《通志堂经解》中,清儒经说以《清经解》、《续清经解》中所收的为最多)。不从古注入手者,是为迷不知本源。

第二,强干弱枝。《周易》源本象数,发为义理,故当以象数、义理为主干;外此而旁及者,如涉及天文、地理、乐律、兵法、韵学、算术乃至现当代科学之说,皆其枝附。不由主干而寻枝附,是为浑不辨主客。

第三,在明确经传既相区别、又相联系的基础上,应当以《易传》为解经的首要依据。经、传的创作时代不同,故两者反映的思想也互有差异。但《易传》的创作宗旨本在阐经,又属现存最早的论《易》专著,则不可不视为今天探讨《周易》经义的最重要参考资料。《重定周易费氏学》引秦澍澧曰:"以经解画,以传解经；合则是，而离则非。”此说可取。

第四，应当掌握六十四卦表现哲理的特殊方式：象征。《易》之用虽在占筮，《易》的本质内蕴则为哲学。前人讲象数不离义理，叙义理不废象数，即可知两者本不能截然割裂；而“象”与“理”的结合，正是《周易》卦形、卦爻辞“象征”特色的体现。朱熹曰：“《易》难看，不比他书。《易》说一个物，非真是一个物，如说龙非真龙。”（《朱子语类》）此所谓“龙”，即《乾》卦六爻爻辞所取之象，正是用来象征事物的“刚健”气质。掌握了“象征”规律，有利于熔“象数”、“义理”于一炉，较完整地挖掘《周易》的内在思想。

第五，应当掌握前人总结出来的切实可用的《易》学条例。如六爻居位特征、承乘比应关系及卦时、卦主、中正等规律。明确了这些义例，有利于阐发卦形符号象征中所包含的“时间”、“空间”观念以及导致事物变化、发展的条件等特点。

第六，应当结合考古学界发现的有关《周易》资料，细密辨析《周易》经传的本来面目及《易》学史研究中的各方面问题。如近年出土的《帛书周易》、目前学术界正在讨论的“数字卦”等，即是值得注意的材料。

第七，应当重视多学科、多课题相互贯通的比较研究。《周易》作为一部早期的哲学著作，其所旁及的内容至为丰富。如经传的文学价值、史学价值、美学价值、文字音韵学价值，以及在古代科技史研究中的价值等，都有认真发掘的必要。至于《周易》与西方古代哲学的比较，也是颇有意义的一个研究方向。

第八，应当注意国外汉学者研究《周易》的成果，吸收其可取的因素，以增进中外文化学术的交流。本世纪以来，国外研究《周易》较有影响的学者不乏其人，如日本的铃木由次郎、户田丰三郎、高田真治,德国的卫礼贤(Richard Wilhelm)、卫德明(Hellmut Wilhelm),苏联的舒茨基(Ю. К. щуцкий)等人,其治《易》成就显著,在汉学界享有盛名[30],并值得我们取资参考。

历史在前进,科学在发展。随着人们认识的不断提高,研究方法的不断更新、完善,《周易》研究必定能够出现崭新的面貌。

同时,我们还应看到,《周易》一书不但是中国古代文化的珍贵遗产,也是全人类文化宝库中的一颗奇异的明珠——它的各方面价值,需要今天的学术界作出新的、科学的认识,以评定其在社会科学、自然科学诸领域中的历史意义和现实意义——我们相信,经过人们的深入研究、努力阐扬,《周易》丰富的思想内容必将在世界学术之林焕发出更加绚丽夺目的光彩。

黄寿祺　张善文

【注释】① 见《易学群书平议》卷首载尚秉和先生《序》。该书黄寿祺著,北京师大出版社 1988 年出版。 ② 郭沫若《周易时代的社会生活》(见郭著《中国古代社会研究》,1954 年人民出版社出版)谓阳(—)和阴(- -)符号分别是男、女生殖器象征;高亨《周易杂论》(1962 年山东人民出版社出版)认为阳(—)和阴(- -)分别是古代占筮时所用的一节和两节的"竹棍"(即"蓍草")的象形;陈道生《重论八卦的起源》(载《孔孟学报》第 12 期,台湾 1966 年 9 月出版)认为阴阳(- -,—)符号源于"结绳"时代绳子上"有结"、"无结"的形态。 ③ 林光世《水村易镜》一卷,见《通志堂经解》。《四库全书总目·易类存目》载其书提要。 ④ 六十四卦共三百八十四爻,其《小象传》亦三百八十四则;加上《乾》、《坤》两卦的"用九"、"用六"文辞亦各有一则《小象传》,故总计三百八十六则。 ⑤ 长沙马王堆出土的《帛书周易》卦序与通行本不同,卦名亦多相异。其六十四卦编次规律,是以上卦为纲,分为八组(即第一组上卦均为乾☰,第二组上卦均为艮☶,第三组上卦均为坎☵,第四组上卦均为震☳,第五组上卦均为坤☷,第六组上卦均为兑☱,第七组上卦均为离☲,第八组上卦均为巽☴);各组又以下卦为目(即每组下卦的次序大略依乾☰、坤☷、艮☶、兑☱、坎☵、离☲、震☳、巽☴编排,唯各组纯卦均居首)。八组名次详见《文物》1984 年第 3 期所载《马王堆帛书六十四卦释文》。这种排列方式至便检索,当是后人为了占筮实用而作的改编,其卦序已不含哲学意义。 ⑥ 此处所叙观点,分别见于:顾颉刚《周易卦爻辞中的故事》、余永梁《易卦爻辞的时代及其作者》、李镜池《周易筮辞考》、《周易筮辞续考》、《易传探源》、郭沫若《周易之制作时代》、钱玄同《读汉石经周易残字而论及今文易的篇数问题》等文。其中余氏文载中央研究院《历史语言研究所集刊》第一本第一分册(1931 年出版),李镜池《周易筮辞续考》载《岭南学报》8 卷 1 期,郭氏文见其所著《青铜时代》(1945 年 3 月文治出版社出版);余文均收入顾颉刚主编的《古史辨》第三册上编(1931 年出版)。案,郭沫若 1927 年的作品《周易时代的社会生活》,认为孔子研究过《周易》,《易传》出于孔门弟子的笔录,作于春秋战国期间。但此观点已为其后来的论著《周易之制作时代》所否定。 ⑦ 这期间有关《周易》经传作者及时代的主要论著有:李汉三《周易卦爻辞时代考》(载《建设》3 卷 11 期,台湾 1955 年 5 月出版)、《周易说卦传著成的时代》(载《大陆杂志》32 卷 10 期,台湾 1966 年 5 月出版)、平心《关于周易的性质、历史内容和制作年代》(载《学术月刊》1963 年第 7 期)、严灵峰《易经小象成立的年代及其内容》(载《哲学年刊》第四辑,1967 年 6 月台湾商务印书馆印行)、蒙传铭《周易成书年代考》(载《中文大学学报》,香港 1975 年 12 月出版)、张岱年《论易大传的著作年代与哲学思想》(载《中国哲学》第一辑,1981 年北京三联书店出版)、林炯阳《周易卦爻辞之作者》、詹秀惠《周易卦爻辞之著成年代》、王开府《周易经传著作问题初探》(以上三篇均载《易经研究论集》,台湾黎明文化事业公司 1981 年 1 月出版)、王世舜与韩慕君《试论周易产生的年代》(载《齐鲁学刊》1981 年 2 期)、刘大钧《周易大传我见》(载《中国哲学史研究》1982 年 2 期)等。这些文章观点不一,可资研究者参考。 ⑧ 张立文著《周易思想研究》一书(1980 年 8 月湖北人民出版社出版),对前人有关《周易》的时代、作者的研究成果作了扼要综述,并提出自己的看法,较为可取,宜备参考。 ⑨ 见张政烺《试释周初青铜器铭文中的易卦》(载《考古学报》1980 年第 4 期),张亚初、刘雨《从商周八卦数字符号谈筮法的几个问题》(载《考古》1981 年第 2 期)。 ⑩《连山》、《归藏》亡佚已久,清儒马国翰《玉函山房辑佚书》辑有逸文,可以推见两书梗概。近人刘师培、高明并撰《连山归藏考》(刘文载《中国学报》第二册,1915 年 2 月出版;高文载《制言》第 49 期,1939 年 2 月出版),考辨两书散佚过程及后人伪作诸事颇详,可备省览。 ⑪ 见顾炎武《日知录》卷一《三易》、《重卦不始于文王》两篇。 ⑫《三国志·魏书·高贵乡公传》载《易》博士淳于俊曰:"包羲因燧皇之图而制八卦,神农演之为六十四,黄帝、尧、舜通其变,三代随时,质文各繇其事,故《易》者,变易也。"其说提及"三代随时,质文各繇其事",即是认为夏、商之《连山》、《归藏》也各有筮辞。 ⑬《周易》名义问题,详见黄寿祺《周易名义考》一文,载《福建师大学报》1979 年第 2 期(后收入《中国古代史论丛》第一辑,福建人民出版社 1981 年出版)。 ⑭《系辞上传》云:"《易》有圣人之道四焉:以言者尚其辞,以动者尚其变,以制器者尚其象,以卜筮者尚其占。"可见,《系辞传》作者认为,"卜筮"只是《周易》的四大主要效用之一。 ⑮《四库全书》著录《子夏易传》十一卷,《提要》辨此书不但非子夏作,亦非晁说之所谓唐张弧伪撰之本,盖"伪中生伪","流传既久,姑存以备一家说"。清人孙堂、张澍、黄奭、孙冯翼、马国翰等据陆德明《经典释文》、孔颖达《周易正义》、李鼎祚《周易集解》等书所引,分别辑有《子夏易传》(孙辑本见《汉魏二十一家易注》,张辑本见《二酉堂丛书》,黄辑本见《汉学堂丛书》,孙辑本〔臧庸述〕见《问经堂丛书》,马辑本见《玉函山房辑佚书》),并可参考。《子夏易传》的作者,或谓韩婴,或谓丁宽,或谓馯臂子弓,莫衷一是;臧庸以"子夏"为韩婴之字,宋翔凤以"子夏"为韩婴之孙韩商之字,近人柯劭忞指为"望文生义,等于说经者之附会"(《续修四库全书提要·易类》,1971 年台湾商务印书馆印行)。要之,子夏之书今虽莫考真伪,但其人曾有说《易》专著或属可信。 ⑯ 皮锡瑞《经学历史》谓经学至汉武为"昌明时代",自汉元帝、成帝至后汉为“极盛时代”。今略依其说，以西汉、东汉为《易》学研究之昌盛阶段。 ⑰ 此据《汉书·艺文志》将孟喜、京房分为两类，章句之学为正宗，灾变占验则独成一家。案，京房受《易》于焦赣，焦氏无章句，故《汉书·艺文志》不著录。又案，西汉有两京房：一为焦赣弟子，字君明，著有《京氏易传》，称“前京房”；一为杨何弟子，梁丘贺尝从问《易》，称“后京房”。此指前京房。 ⑱ 以上略本吴翊寅《易汉学考》之说。 ⑲《序录》谓《费氏易》“人无传者”，但学者多以王弼《易注》即承费氏家法。案，吴承仕先生云：“《隋志》首述陈元、郑众，次言马、郑，次言二王作注而费氏大兴，似谓辅嗣之学远宗费氏，近接马、郑。自尔以讫近世，皆谓《王易》即《费易》矣。愚意王氏注经不注《系辞》以下，盖用费氏家法。”(《经典释文序录疏证》)吴先生之说，似甚可从。又案，王弼，字辅嗣，山阳高平人，魏尚书郎，年二十四卒。 ⑳ 高氏指西汉时沛人高相。《经典释文·序录》约《汉书·儒林传》文曰：“沛人高相治《易》，与费直同时，其《易》亦无章句，专说阴阳灾异，自言出丁将军，传至相。相授子康及兰陵毋将永，为高氏学。” ㉑ 自元嘉以来，王弼所注六十四卦及《彖传》、《象传》之义盛行，独阙《系辞传》以下不注。谢万、韩伯、袁悦之、桓玄、卞伯玉、荀柔之、徐爰、顾欢、明僧绍、刘瓛等十人并注《系辞》，自韩注专行，而各家皆废。又案，韩伯，字康伯；颍川人，东晋太常卿。 ㉒《周易集解》所采各家为：子夏、孟喜、焦延寿、京房、马融、郑玄、荀爽、刘表、宋衷、王肃、王弼、何晏、虞翻、陆绩、姚信、翟玄、韩康伯、向秀、王廙、张璠、干宝、蜀才、刘瓛、沈麟士、伏曼容、姚规、崔觐、卢氏、何妥、王凯冲、侯果、朱仰之、蔡景君、孔颖达、崔憬等三十五家。又引有《九家易》一书，据陆德明《经典释文·序录》云：“《荀爽九家集注》十卷，不知何人所集。称‘荀爽’者，以为主故也。其序有荀爽、京房、马融、郑玄、宋衷、虞翻、陆绩、姚信、翟子玄。子玄不详何人，为《易义》。注内又有张氏、朱氏，并不知何人。”又云：“(蜀才)姓范，名长生，一名贤，隐居青城山，自号蜀才，李雄以为丞相。”吴承仕先生《经典释文序录疏证》指出，“魏晋以后儒者每有集解之作，杂取众说，合为一编”，“时代各不相接，撰录者又无主名，斯类甚众。此之《集注》，亦昔人隐栝京、马、郑、虞等九家说,而以荀义为依”。此说可从。 ㉓ 刘牧、邵雍之学,均传自陈抟。刘著《易数钩隐图》三卷,邵著《皇极经世书》十二卷。㉔ 朱熹著《周易本义》十二卷;又著《易数启蒙》三卷,则属稿于蔡元定。㉕ 胡瑗,泰州如皋人,宋仁宗皇祐、至和间国子直讲,尝在太学讲《易》,讲授之余欲著述而未逮,其门人倪天隐遂述师说作《周易口义》十二卷,即《宋史·艺文志》所载之胡瑗《易解》十二卷。胡著尝为程颐所崇。程颐著《易传》四卷。李光著《周易详说》十卷。杨万里著《诚斋易传》二十卷。㉖ 王弼《易注》不废八卦卦象及诸爻爻象,并每阐说阴阳爻位,亦间有采用互体、卦变者,故吴承仕先生谓其“本不废绝汉法”(见吴先生所撰清彭申甫《周易解注传义辨正》提要,刊于《续修四库全书提要·经部易类》)。又王弼《周易略例》更详言用象主张,章太炎先生云:“读王注者,当先取《略例》观之,其言闳廓,亦不牵及玄言。”(《答吴缌斋论易书》,载《国学论衡》第五卷下,1936 年 6 月)。 ㉗ 见吴先生所撰清彭申甫《周易解注传义辨正》提要,刊于《续修四库全书提要·经部易类》。 ㉘ 天文涉及方位,地理涉及分野,乐律、韵学均涉及阴阳之变,故皆与《易》有关。又兵法之书,涉及奇门、遁甲、太乙、六壬诸术数,亦附会于《易》,故近人盐城韦汝霖著有《奇门阐易》之书。《周易》有象有数,故涉及数学,如《周易折中》后所附《易学启蒙附论》,近人邵武丁超五所著《易理新诠》等即是。方外之炉火,则指《周易参同契》之类。 ㉙ 当时关于《周易》研究方法的讨论,主要是针对李景春《周易哲学及其辩证法因素》(1961 年山东人民出版社出版)一书存在的问题而发。参加讨论的主要论文有:方蠡《研究周易不能援“传”于“经”》(载《光明日报》1962 年 3 月 16 日),东方明《哲学史工作中的一种极有害的方法》(载《哲学研究》1963 年第 1 期),李景春《研究周易哲学应当以“传”解“经”》(载《光明日报》1962 年 9 月 14 日)、《从研究周易哲学看哲学史方法论的问题》(载《哲学研究》1963 年第 3 期),冯友兰《从周易研究谈到哲学史方法论的问题》(载《哲学研究》1963 年第 3 期),王明《以乾卦的解释为例看李景春同志的周易哲学方法论问题》(载《光明日报》1963 年 8 月 30 日),林杰《不要把现代思想挂到古人名下》(载《文汇报》1963 年

4月4日)等。 ㉚ 铃木由次郎著有《汉易研究》(1963年东京明德社出版)等,户田丰三郎著有《易经注译史纲》(1968年12月东京风间书房出版)等,高田真治著有日译本《易经》(1959年东京岩波书店出版)等;卫礼贤著有德译本《易经》(*I Ging, das Buch der Wandlungen aus dem chinesichen verdeu — tscht und erläutert*),1924年出版于德国耶拿(Jena);卫德明系卫礼贤之子,著有《变化——周易八论》(*Die Wandlung, acht Uoträge Zum I — Ching*)、《易经中的天、地、人》(*Heaven, earth and man in the Book of Changes*)等;舒茨基著有《周易研究》(*Кндга Перемен*)等。

译注说明

一、《周易》版本颇多，本书以阮刻《十三经注疏》本《周易正义》为底本，偶有校改处则注明依据。

二、本书主要内容包括：原文、注释、译文、总论。

三、"译文"部分，以现代汉语写成，在尽可能切合原著意义、接近原文风格的同时，力求通畅明白。

四、"注释"部分，重在分析较有疑难的字音、词义、文理。

五、《易》之为书，以"象"、"数"为本，这是《周易》不同于其他典籍的重要特点；而《易》"象"与"数"的本质又在于明"理"，即说明《周易》的象征哲理。《易》学史中的"象数"、"义理"两派，既各有可取之说，也互有偏颇之处。本书的"注释"，对前贤旧说择善而从，不敢先存门户之见。间有发表著者个人看法者，亦本着"持之有故，言之成理"的精神，竭力探寻《周易》经传的本义，避免穿凿附会。

六、"总论"部分，有概说六十四卦大义者凡六十四篇，分附各卦之末；另有简论《系辞上传》、《系辞下传》、《说卦传》、《序卦传》、《杂卦传》诸文者凡五篇，则分附各传之后。

七、西汉以降，《易》学著述繁多，有些卦爻、文句的训释往往众说纷纭，莫衷一是。本书所采古今学者的阐解，一般限取一说;唯个别重要之处,亦或两三说并存,以备参考。

八、本书所引旧注,或有涉及《周易》经传的作者、成书年代等问题,立说未必悉当,著者的看法则以书首《前言》所论为准,不一一驳正;或有反映旧时代学者的思想局限处,更希望读者作深入的分析批判。

九、《周易折中》、《重定周易费氏学》、《周易学说》等书所引前人《易》说,有时稍作删节更易,往往反映出引用者的主张。此类现象,本书转引时一仍其旧。

十、书末附录《读易要例》一篇,简述较为重要的《易》学条例,供读者阅读本书时参考。

十一、本书所引文献资料,详书末附录《主要引用书目》。一些常用书名或作简略,如王弼《周易注》简为《王注》,孔颖达《周易正义》简为《正义》,李鼎祚《周易集解》简为《集解》,等等;此类书名,在《书目》中均以"※"号标明,以示区别。

十二、《周易》是以筮书面目出现的我国古代最早的哲学著作,有丰富的辩证法和唯物论的思想,对研究古代哲学史具有重要价值;同时,又含有可资研究古代历史、文学史、科技史、文字音韵学史等方面的资料。但书中也杂糅着一些明显的唯心主义成分,尤其是浓厚的占筮色彩。这就要求读者以批判的眼光阅读,取其精华,弃其糟粕。

十三、著者是在前人研究成果的基础上撰写《周易译注》,基本宗旨是:努力帮助一般读者比较容易地读懂《周易》,在运用新的观点研究《周易》、继承古代文化遗产的学术领域中,奉献一块引玉之砖。然而,学术的是非有待于历史检验,"非一人所得私","非偏执所能改"(《周易尚氏学·自序》),本书中不成熟的见解及不自觉的谬误,期待着读者的批评指正。

十四、华东师范大学古籍研究所潘雨庭教授对本书的译注提出不少中肯的意见，福建师范大学《易》学研究室王筱婧、郭天沅同志在本书修改过程中给予许多帮助，郑伯辉、李金健同志协助抄写部分书稿，在此一并致谢。

卷一　上经

乾卦第一

☰ 乾[①]：元，亨，利，贞[②]。

【注释】① 乾：卦名，下卦、上卦皆乾(☰)，象征“天”。　② 元，亨，利，贞：《正义》：“《子夏传》云：‘元，始也；亨，通也；利，和也；贞，正也。’言此卦之德，有纯阳之性，自然能以阳气始生万物，而得元始、亨通，能使物性和谐各有其利，又能使物坚固贞正得终。”

【译文】《乾》卦象征天：元始，亨通，和谐有利，贞正坚固。

初九[①]，潜龙勿用[②]。

【注释】① 初九：《周易》六十四卦各由六爻组成，其位自下而上，名曰：初、二、三、四、五、上，本爻居卦下第一位，所以称“初”；《周易》占筮用“九”、“六”之数，“九”代表阳，“六”代表阴，本爻为阳，所以称“九”。② 潜龙勿用：潜，潜伏，“初九”一阳在下，故谓“潜”；龙，古代神话中神奇刚健的动物，《周易》取为《乾》卦六爻的象征物。

【译文】初九，巨龙潜伏水中，暂不施展才用。

九二，见龙在田①，利见大人②。

【注释】① 见龙在田：见，音 xiàn，出现，下文“利见”之“见”同；田，地也。 ② 大人：一般有两种含义：其一，指有道德有作为的人；其二，指有道德并居于高位的人。这里指第一义。

【译文】九二，巨龙出现田间，利于出现大人。

九三，君子终日乾乾①，夕惕若②，厉无咎③。

【注释】① 君子终日乾乾：君子，与“大人”义相近，指有道德者，往往也兼指居于尊位者；终日，《正义》：“终竟此日”，因九三居下卦之终，故称；乾乾，犹言“健而又健”。 ② 惕若：惕，警惕；若，语助词。 ③ 厉无咎：厉，危之意；咎，含有“灾病”、“罪过”、“咎害”之义。此爻处《乾》上下卦之际，其时多危，故须“朝乾夕惕”，修省不懈，才可“无咎”。

【译文】九三，君子整天健强振作不已，直到夜间还时时警惕慎行，这样，即使面临危险也免遭咎害。

九四，或跃在渊①，无咎。

【注释】① 或：这里用作副词，表示不确定之义。并非犹疑不决，而是审时度势，待机奋进。本句省略主语“龙”。

【译文】九四，或者腾跃上进，或者退处在渊，必无咎害。

九五，飞龙在天，利见大人①。

【注释】① 大人：指有道德并居高位者，与“九二”所称“大人”有别。

【译文】九五，巨龙高飞上天，利于出现大人。

上九，亢龙有悔①。

【注释】① 亢：音 kàng，过甚，极度，此处形容龙飞到极高的程度。

悔：悔恨。《集解》引王肃曰："知进忘退，故悔也。"

【译文】上九，巨龙高飞穷极，终将有所悔恨。

用九①，见群龙无首，吉②。

【注释】① 用九：这是指明《周易》哲学以"变"为主的一方面特点。《易》筮过程中，凡筮得阳爻，其数或"七"、或"九"，"九"可变，"七"不变，故《周易》筮法原则是阳爻用"九"不用"七"，意即占其"变爻"；若筮得六爻均"九"时，即以"用九"辞为占。 ② 群龙，指六爻均为阳爻；而六阳皆变，皆由阳刚变为阴柔，所以取群龙都不以首领自居之象。

【译文】用"九"数，出现一群巨龙，都不以首领自居，吉祥。

《彖》①曰：大哉乾元②！万物资始，乃统天③。云行雨施，品物流形④。大明终始⑤，六位时成⑥，时乘六龙以御天⑦。乾道变化⑧，各正性命⑨，保合太和⑩，乃利贞⑪。首出庶物⑫，万国咸宁⑬。

【注释】① 彖：音 tuàn，断也，断定一卦之义，所以名为彖。但作为经传之名，其义有二：一、指卦辞；二、指《十翼》中的《彖传》。这里指第二义，凡六十四卦所附"《彖》曰"之辞，均属此例。《彖传》又称《彖辞传》。② 乾元："天"的元始之德，即充沛宇宙间、开创万物的阳气。以季节为喻，犹如春天景象。 ③ 统天：统，统领；天，犹言"大自然"。以上一节释卦辞"元"。 ④ 品物流形：品物，各类事物；流形，流布成形。这是指万物因雨水的滋润而不断变化发展、壮大成形。此犹夏天的景象。以上一节释卦辞"亨"。 ⑤ 大明：即太阳，因属天上最光明之物，故称"大明"。⑥ 六位时成：六位，指《乾》卦六爻；时，作副词，即按时。此句举卦中六爻按不同的"时位"组成，说明阳气的发展顺沿一定的规律。 ⑦ 六龙：亦喻《乾》卦六爻。此句紧承前句之义，说明六爻的变动如六龙按时御天，恰似自然界沿四季程序发展至秋、万物尽趋成熟。前文“时成”二字，正寓含秋天景象。以上一节释卦辞“利”。 ⑧ 乾道：犹言天道，即大自然运行规律。 ⑨ 各正性命：正，犹“定”，静定；性命，精神。这一句的主语是“万物”，文中省略。 ⑩ 太和：即万物的“太和元气”。这两句说明自然界的变化，导致万物各自静定精神、眠伏潜息，保全其“太和元气”。此犹冬天景象。 ⑪ 乃利贞：以上一节释卦辞“贞”。 ⑫ 首出庶物：此句说明阳气的变化循环不已，犹如冬尽春来，新的阳气又开始萌生万物；就“四德”言，即复返“元”德，故亦称“贞下起元”。 ⑬ 万国咸宁：万国，即天下万方之意。

【译文】《彖传》说：伟大啊，开创万物的(春天)阳气！万物依靠它开始产生，它统领着大自然。(夏天)云朵飘行、霖雨降落，各类事物流布成形。光辉灿烂的太阳反复运转(带来秋天)，《乾》卦六爻按不同的时位组合而有所成，就像阳气按时乘着六条巨龙驾驭大自然。大自然的运行变化(迎来冬天)，万物各自静定精神，保全太和元气，以利于守持正固(等待来年生长)。阳气周流不息，又开始重新萌生万物，天下万方都和美顺昌。

《象》曰①：天行健②；君子以自强不息③。

【注释】① 象：《周易》中的“象”字，即“形象”、“象征”之意，亦《系辞下传》所谓“象也者，像此者也”。但作为经传之名，则有两义：一、指《周易》的卦形和卦爻辞；二、指《十翼》中的《象传》，旨在阐释卦象、爻象的象征意义。这里指第二义。凡六十四卦所附“《象》曰”云云，均属此例。《象传》又有《大象传》、《小象传》之分：前者每卦一则，释上下卦象；后者每卦六则，释六爻爻象(《乾》、《坤》两卦分别多一则释“用九”、“用六”)。本则即属《乾》卦的《大象传》。 ② 天行健：此释《乾》卦上下“乾”均为“天”之象，说明“天”健行周流，永不衰竭。 ③ 以：介词，其后省略一“之”字，可释为“因此”、“像这样”。 自强不息：指“君子”效法《乾》卦“健行”之象，立身、行事始终奋发不止。

【译文】《象传》说：天的运行刚强劲健；君子因此不停地自我奋发图强。

"潜龙勿用"，阳在下也①；"见龙在田"，德施普也②；"终日乾乾"，反复道也③；"或跃在渊"，进无咎也；"飞龙在天"，大人造也④；"亢龙有悔"，盈不可久也；"用九"，天德不可为首也⑤。

【注释】① 阳在下：指初九阳气初生而居下。自此以下至"不可为首也"，是《乾》卦的《小象传》，每两句释一爻象，末两句释"用九"。 ② 德施普：指九二阳气出现于地面，其生养之德普及万物。 ③ 反复道：反复，重复践行之意。道，合理的行为。 ④ 造：兴起而有所作为。 ⑤ 天德：指阳刚之德。

【译文】"巨龙潜伏水中，暂不施展才用"，说明阳气初生居位低下；"巨龙出现田间"，说明美德昭著广施无涯；"整天健强振作"，说明反复行道不使偏差；"或腾跃上进，或退处在渊"，说明审时前进必无咎害；"巨龙高飞上天"，说明大人奋起大展雄才；"巨龙高飞穷极，终将有所悔恨"，说明刚进过甚不久必衰；"用九数"，说明"天"的美德不自居首(刚去柔来)。

《文言》曰①：元者，善之长也②；亨者，嘉之会也③；利者，义之和也④；贞者，事之干也⑤。君子体仁足以长人⑥，嘉会足以合礼⑦，利物足以和义⑧，贞固足以干事⑨。君子行此四德者，故曰："乾：元，亨，利，贞。"

【注释】①《文言》：文，饰也；《文言》即文饰《乾》、《坤》两卦之言，为

《十翼》之一,又称《文言传》。 ② 善之长:《本义》:“元者,生物之始,天地之德莫先于此,故于时为春,于人则为仁,而众善之长也。” ③ 嘉之会:《本义》:“亨者,生物之通,物至于此,莫不嘉美,故于时为夏,于人则为礼,而众美之会也。” ④ 义之和:义,宜也。《本义》:“利者,生物之遂,物各得宜,不相妨害,故于时为秋,于人则为义,而得其分之和。” ⑤ 事之干:干,树木的主干,犹言根本。 ⑥ 体仁:以“仁”为体。 ⑦ 合礼:《集解》引何妥曰:“礼,是交接会通之道,故以通配,‘五礼’有吉、凶、宾、军、嘉,故以‘嘉’合(符合)于‘礼’也。” ⑧ 和义:和,合也。《集解》引何妥曰:“利者,裁成也,君子体此利以利物,足以合于五常之义。” ⑨ 贞固:《本义》:“贞固者,知正之所在,而固守之,所谓知而弗去者也,故足以为事之干。”

【译文】《文言》说:元始,是众善的尊长;亨通,是美好的会合;有利,是事义的和谐;正固,是办事的根本。君子用仁心作为本体,可以当人们的尊长;寻求美好的会合,就符合“礼”;施利于他物,就符合“义”;坚持正固的节操,就可以办好事务。君子是施行这四种美德的人,所以说:“《乾》卦象征天:元始,亨通,和谐有利,贞正坚固。”

初九曰“潜龙勿用”,何谓也①?子曰②:“龙德而隐者也③。不易乎世,不成乎名;遁世无闷④,不见是而无闷⑤;乐则行之,忧则违之⑥,确乎其不可拔⑦,‘潜龙’也。”

【注释】① 何谓也:此《文言》作者设问之辞,后五节同。此句以下至终,依次阐释《乾》卦六则爻辞及“用九”辞。 ② 子曰:子,孔子。旧说《文言》为孔子所作,固未必然,但其中采用了孔子的某些言论或观点却是可信的。 ③ 龙德而隐者:《正义》认为这是“以人事释‘潜龙’之义”。

④ 遁世无闷:《正义》:"谓逃遁避世,虽逢无道,心无所闷。" ⑤ 不见是而无闷:是,赞许。《集解》引崔憬曰:"世人虽不己是,而己知不违道,故无闷。" ⑥ 乐则行之,忧则违之:指对某事该不该施行有独自的主张。⑦ 确乎其不可拔:《正义》:"身虽逐物推移,隐潜避世;心志守道,确乎坚实其不可拔。"

【译文】初九爻辞说"巨龙潜伏水中,暂不施展才用",讲什么意思呢?孔子指出:"这是譬喻有龙一样品德而隐居的人。他不被污浊的世俗改变节操,不迷恋于成就功名;逃离这个世俗不感到苦闷,不为世人称许也不苦闷;称心的事付诸实施,不称心的事决不实行,具有坚定不可动摇的意志,这就是'潜伏的巨龙'。"

九二曰"见龙在田,利见大人",何谓也?子曰:"龙德而正中者也①。庸言之信,庸行之谨②;闲邪存其诚③,善世而不伐④,德博而化⑤。《易》曰:'见龙在田,利见大人',君德也⑥。"

【注释】① 正中:指九二居下卦之中。 ② 庸言之信,庸行之谨:庸,平常。《正义》:"从始至末,常言之信实,常行之谨慎。" ③ 闲邪存其诚:闲,犹言"防止";"闲邪"与"存其诚"为对文。《程传》:"既处无过之地,则唯在闲邪;邪既闲,则诚存矣。" ④ 善世而不伐:善,名词,指美好的行为;世,犹言"大",如"世子"、"世父"之"世",均作"大"解(善世,与下文"德博"对举)。 ⑤ 德博而化:《正义》:"德能广博,而变化于世俗。" ⑥ 君德:指九二虽未登君位,却有君主的品德。

【译文】九二爻辞说"巨龙出现田间,利于出现大人",讲什么意思呢?孔子指出:"这是譬喻有龙一样品德而立身中正的人。他的平凡言论说到做到,他的日常举动谨慎有节;防止邪恶的言行而保持诚挚,美好的行为伟大而不自夸,道德广博而能感化天下。《周易》说:'巨龙出现田间,利于出现大人',正是说明出现具备君主品德的贤人。"

九三曰"君子终日乾乾,夕惕若,厉无咎",何谓也?子曰:"君子进德修业①。忠信②,所以进德也;修辞立其诚③,所以居业也④。知至至之⑤,可与言几也⑥;知终终之⑦,可与存义也⑧。是故居上位而不骄,在下位而不忧⑨。故乾乾因其时而惕⑩,虽危无咎矣。"

【注释】① 进德修业:《正义》:"九三所以终日乾乾者,欲进益道德,修营功业,故终日乾乾匪懈也。" ② 忠信:《正义》:"推忠于人,以信待物,人则亲而尊之,其德日进,是进德也。" ③ 修辞立其诚:《折中》引程子曰:"修辞立其诚,不可不仔细理会,言能修省言辞,便是要立诚,若只是修饰言辞为心,只是为伪也。修辞立其诚,正为立己之诚意。" ④ 居业:《尚氏学》:"居者,蓄也,积也,业以积而高大也。" ⑤ 知至至之:至,达到。前一"至"为名词,指要达到的目标;后一"至"为动词,指努力达到这一目标。此谓九三居下卦之极,有"知几"进取、审慎"无咎"之象。⑥ 几:《系辞传》:"几者,动之微,吉凶之先见者也。" ⑦ 知终终之:前一"终"为名词,指事物的终了;后一"终"为动词,指结束。此谓九三为下卦最后一爻,有事物发展到一个阶段而暂告终之象。 ⑧ 存义:存,保留;义,适宜。 ⑨ 居上位而不骄,在下位而不忧:上位,指九三居下卦之上;下位,指九三居上卦之下;不骄不忧,因"知至"、"知终"而然。 ⑩ 因其时:因,沿也;时,一天中的各个时辰。

【译文】九三爻辞说"君子整天健强振作,直到夜间还时时警惕慎行,这样即使面临危险也免遭咎害",讲什么意思呢?孔子指出"这是譬喻君子要增进美德、营修功业。忠诚信实,就可以增进美德；修饰言辞出于诚挚的感情，就可以积蓄功业。知道进取的目标而努力实现它，这种人可以跟他商讨事物发展的征兆；知道终止的时刻而及时终止，这种人可以跟他共同保全事物发展的适宜状态。像这样就能居上位而不骄傲，处下位而不忧愁。所以能够恒久保持健强振作，随时警惕慎行，即使面临危险也就免遭咎害了。”

九四曰“或跃在渊，无咎”，何谓也？子曰：“上下无常①，非为邪也②；进退无恒，非离群也。君子进德修业，欲及时也，故‘无咎’。”

【注释】① 上下无常：与下句“进退无恒”为互文，指第四爻处于可上可下之位，必须根据不同情况决定上下进退。 ② 非为邪：此句与下句“非离群”为互文，指九三的上下进退，是顺从形势，既非私自欲望，亦非脱离众人。

【译文】九四爻辞说“或腾跃上进，或退处在渊，必无咎害”，讲什么意思呢？孔子指出：“这是譬喻贤人的上升、下降是不一定的，并非出于邪念；他的进取、引退也是不一定的，并非脱离众人。君子增益道德、营修功业，是想抓住时机进取，所以‘必无咎害’。”

九五曰“飞龙在天，利见大人”，何谓也？子曰：“同声相应，同气相求①；水流湿，火就燥；云从龙，风从虎；圣人作而万物睹②；本乎天者亲上，本乎地者亲下，则各从其类也③。”

【注释】① 同声相应，同气相求：气，与“声”相对；求，与“应”之意相近。以下诸句均举各种现象说明事物的互相感应作用。　② 圣人作而万物睹：作，犹“起”；睹，见也。指“圣人”兴起，天下光明，万物呈现本色，各尽其用。　③ 本乎天者亲上，本乎地者亲下，则各从其类也：天、地，即“阳刚”、“阴柔”之谓。此三句上承前文之义，说明“圣人”兴起、治世清明，故阴阳判然区分，万物各从其类。

【译文】九五爻辞说“巨龙高飞上天，利于出现大人”，讲什么意思呢？孔子指出：“这是譬喻同类的声音互相感应，同样的气息互相求合；水向湿处流，火向干处烧；景云随着龙吟而出，谷风随着虎啸而生；圣人奋起治世而万物显明可见；依存于天的亲近于上，依存于地的亲近于下，各以类相从而发挥作用。”

上九曰“亢龙有悔”，何谓也？子曰：“贵而无位，高而无民①，贤人在下位而无辅②，是以动而‘有悔’也。”

【注释】① 贵而无位，高而无民：谓上九处于有名无实的高位，即《集解》于《小象》注引《九家易》所谓“若太上皇者也”。　② 贤人在下位而无辅：贤人，指下卦的九三。此以三、上两阳不应，喻上九不得“贤人”辅助。

【译文】上九爻辞说“巨龙高飞穷极，终将有所悔恨”，讲什么意思呢？孔子指出：“这是譬喻某种人尊贵而没有实位，崇高而管不到百姓，贤明的人居下位而无人辅助他，所以一旦轻举妄动就将‘有所悔恨’。”

“潜龙勿用”，下也①；“见龙在田”，时舍也②；“终日乾乾”，行事也③；“或跃在渊”，自试也；“飞龙在天”，上治也④；“亢龙有悔”，穷之灾也；乾元“用九”，天下治也⑤。

【注释】① 下：指初九居于下位，犹如人的地位低下。　② 时舍：舍，通"舒"。指形势已经舒展好转。 ③ 行事：指九三正勤勉地从事某项事业。 ④ 上治：上，通"尚"。指九五之时出现了最好的政治局面。 ⑤ 乾元用九，天下治也：《正义》："用九之文，总是乾德；又'乾'字不可独言，故举'元'德以配'乾'也。言此乾元用九德而天下治。"案，这是归结《乾》卦"用九"的意义，谓"阳刚"之德以能"化柔"为美。

【译文】"巨龙潜伏水中，暂不施展才用"，说明地位低下微贱；"巨龙出现田间"，说明时势开始舒展；"整天健强振作"，说明事业付诸实践；"或腾跃上进，或退处在渊"，说明正在自我检验；"巨龙高飞上天"，说明形成最好的政治局面；"巨龙高飞穷极，终将有所悔恨"，说明穷极带来的灾难；天有元始之德而"用(阳刚化为阴柔的)九数"，说明天下大治是势所必然。

"潜龙勿用"，阳气潜藏[①]；"见龙在田"，天下文明[②]；"终日乾乾"，与时偕行[③]；"或跃在渊"，乾道乃革[④]；"飞龙在天"，乃位乎天德[⑤]；"亢龙有悔"，与时偕极[⑥]；乾元"用九"，乃见天则[⑦]。

【注释】① 阳气潜藏：指初九如阳气潜伏，藏而未发。 ② 天下文明：指九二如阳气发出地面，万物初焕光彩。 ③ 与时偕行：行，发展。指九三如阳气发展到一定阶段，万物将趋繁盛。 ④ 乾道乃革：乾道，天道，即大自然的运行规律；革，变革。指九四如阳气发展至一个新阶段，万物正临转化。 ⑤ 乃位乎天德：位，此言尊居"天位"；天德，指九五如阳气发展到最旺盛阶段，万物已至繁茂。 ⑥ 与时偕极：指上九如阳气由盛转衰，万物消亡穷尽。 ⑦ 乃见天则："天则"谓大自然运行的法则，如阳气转化为阴气即是自然规律。

【译文】"巨龙潜伏水中，暂不施展才用"，说明阳气潜藏未现；"巨龙出现田间"，说明天下文采灿烂；"整天健强振作"，说明追随时光向前发展；“或腾跃上进，或退处在渊”，说明“天道”转化、出现变革；“巨龙高飞上天”，说明阳气旺盛正当天位、具备“天”的美德；“巨龙高飞穷极，终将有所悔恨”，说明随着时节推展而穷尽衰落；天有元始之德而“用(阳刚化为阴柔的)九数”，这是体现大自然的法则。

“乾，元”者①，始而亨者也；“利，贞”者，性情也②。乾始能以美利利天下③，不言所利，大矣哉！大哉乾乎！刚健中正，纯粹精也④；六爻发挥，旁通情也⑤；时乘六龙，以御天也；云行雨施，天下平也。

【注释】① “乾，元”者：这是回头重释《乾》卦的卦辞。 ② 性情：《集解》引干宝曰：“以施化利万物之性，以纯一正万物之情。”案，前句“始而亨”释卦辞“元，亨”，此句释“利，贞”。以下又广赞“四德”之美。 ③ 以美利利天下：前一“利”为名词，后一“利”为动词。 ④ 纯粹精也：指六爻均为阳爻。 ⑤ 旁通：广泛会通。

【译文】“《乾》卦象征天：元始”，说明天的美德在于首创万物并使之亨通；“和谐有利，贞正坚固”，是天所蕴含的本性和内情。天一开始就能用美好的利益来施利天下，却不说出它所施予的利惠，这是极大的利惠啊！伟大的天啊！刚强劲健、居中守正，通体不杂、纯粹至精；《乾》卦六爻的运动变化，曲尽万物的发展情理；犹如顺着不同时节套上六条巨龙，驾驭着大自然而驰骋；行云降雨，带来天下太平。

君子以成德为行，日可见之行也①。“潜”之为言也，隐而未见，行而未成，是以君子弗用也。

【注释】① 日：俞樾《群经平义》以为“日”是“曰”之讹，可备一说。

【译文】君子把成就道德作为行动的目的，是每天都可以体现出来的行为。初九爻辞所讲的“潜”，意思是隐藏不曾露面，行动尚未显著，所以君子暂时不施展才用。

君子学以聚之，问以辩之①，宽以居之，仁以行之。《易》曰“见龙在田，利见大人”，君德也。

【注释】① 学以聚之，问以辩之：辩，通“辨”。此谓九二虽已“见龙在田”，但仍要勤于学问，增长知识。

【译文】君子靠学习来积累知识，靠发问来辨决疑难，胸怀宽阔而居于适当之位，心存仁爱而施诸一切行为。《周易》说“巨龙出现田间，利于出现大人”，这种“大人”具备了当国君的品德。

九三重刚而不中①，上不在天，下不在田②，故乾乾因其时而惕，虽危无咎矣。

【注释】① 重刚而不中：初九、九二均为阳刚之爻，九三仍为阳爻，故称“重刚”；六十四卦的每卦只有二、五两爻居中，故九三“不中”。 ② 上不在天，下不在田：九五“飞龙在天”，九二“见龙在田”，九三则介乎“天”、“田”之间。

【译文】九三是多重阳刚叠成的，居位不正中，上不达于高天，下不立于地面，所以要不断健强振作、随时保持警惕，这样即使面临危险也免遭咎害。

九四重刚而不中，上不在天，下不在田，中不在人①，故“或”之②。“或”之者，疑之也，故无咎。

【注释】① 中不在人：九四和九三的相同之处是“重刚而不中，上不在天，下不在田”；不同之处是九四更有“中不在人”一层。 ② 或：见九四爻辞注。

【译文】九四是多重阳刚叠成的，居位不正中，上不达于高天，下不立于地面，中不处于人境，所以强调“或”。强调“或”的意思，就是说明要有所疑虑而多方审度，这样就能不遭咎害。

夫“大人”者，与天地合其德，与日月合其明，与四时合其序，与鬼神合其吉凶①。先天而天弗违②，后天而奉天时③。天且弗违，而况于人乎？况于鬼神乎？

【注释】① “与天地合其德”四句：合犹言符合、相同。这四句是通过多种比拟来赞扬九五的“大人”。 ② 先天：先于天象，这里指自然界尚未出现变化时，就预先采取必要的措施。 ③ 后天：后于天象，这里指自然界出现变化之后，及时采取适当的措施。 天时：指大自然的阴晴寒暑等变化规律。

【译文】九五爻辞所说的“大人”，他的道德像天地一样覆载万物，他的圣明像日月一样普照大地，他的施政像四时一样井然有序，他示人吉凶像鬼神一样奥妙莫测。他先于天象而行动，天不违背他；后于天象而处事，也能遵循天的变化规律。天尚且不违背他，何况人呢？何况鬼神呢？

“亢”之为言也，知进而不知退，知存而不知亡，知得而不知丧。其唯圣人乎①！知进退存亡，而不失其正者，其唯圣人乎！

【注释】① 其唯圣人乎：这是《文言》作者的慨叹语，与末句相同而复用,旨在渲染慨叹语气。

【译文】上九爻辞所说的“亢”,是说明某种人只晓得进取而不知及时引退,只晓得生存而不知终将衰亡,只晓得获利而不知所得必失。大概只有圣人才是明智的吧!深知进取、引退、生存、灭亡的道理,行为不偏失正确途径的,大概只有圣人吧!

【总论】《乾》卦作为《周易》六十四卦之首,以“天”为象征形象,揭示了“阳刚”元素、“强健”气质的本质作用及其发展变化规律。孔颖达问道:“此既象天,何不谓之‘天’,而谓之‘乾’?”他自答说:天是“定体之名”,乾是“体用之称”,“天以健为用者,运行不息,应化无穷,此天自然之理。”(《正义》)事实上这是论及“象”与“意”的关系。从“象征”的角度分析,《乾》卦的喻旨,正是勉励人效法“天”的刚健精神,奋发向上;这也是《大象传》所极力推赞的:“君子以自强不息。”卦辞以“元,亨,利,贞”四言,高度概括“天”具有开创万物,并使之亨通、富利、正固这四方面“功德”,意在表明阳气是宇宙万物“资始”之本。但“阳刚”之气的自身发展,又有一定的规律,于是,六爻拟取“龙”作为“阳”的象征,从“潜龙”到“亢龙”,层层推进,形象地展示了阳气萌生、进长、盛壮乃至穷衰消亡的变化过程。其中九五“飞龙在天”,体现阳气至盛至美的情状;上九“亢龙有悔”,则披露物极必反、阳极生阴的哲理。《周易》的辩证哲学体系,在此铺下了第一块基石。要是进一步从“《易》者,象也”(《系辞下传》)这一特征细加考究,还可以发现,本卦的卦体取“天”为象,固是比喻;六爻的爻辞取“龙”为象,也是比喻:大旨无非揭明“阳刚”的内在气质。朱熹说:“《易》难看,不比他书。《易》说一个物,非真是一个物,如说‘龙’非真龙。”(《朱子语类》)这种假象寓意,广见于《周易》全书,是这部现存最古老的哲学著作所具备的重要特色。

坤卦第二

䷁ 坤[1]：元，亨[2]，利牝马之贞[3]。君子有攸往，先迷；后得主，利[4]。西南得朋，东北丧朋[5]。安贞吉[6]。

【注释】① 坤：卦名，下卦、上卦皆坤(☷)，象征“地”。 ② 元，亨：词义与乾卦略同，此处特指“地”配合“天”，也能开创化生万物，并使之亨通。③ 利牝马之贞：贞，正也，指守持正固。“牝马”柔顺而能行地，故取为“坤”德之象。 ④ 君子有攸往，先迷，后得主，利：攸，所。这几句说明“坤”德在于“柔顺”、“居后”，“抢先”必“迷”，“随后”则“利”。 ⑤ 西南得朋，东北丧朋：尚秉和取《十二辟卦图》为说，指出《坤》居西北亥位，阴气逆行，沿西南方向前行遇“阳”渐盛，若沿东北方向前行则失“阳”渐尽；而“阴得阳为朋”，故西南行“得朋”，东北行“丧朋”(《尚氏学》)。此说分析“得朋”、“丧朋”至为可取，其中阐明“阴阳为朋”之理尤为精当，今从之。⑥ 安贞吉：这是归结“得朋”、“丧朋”之义，说明“坤”德以安顺守正为吉。

【译文】《坤》卦象征地：元始，亨通，利于像雌马一样守持正固。君子有所前往，要是抢先居首必然迷入歧途；要是随从人后就会有人作主，必有利益。往西南将得到友朋，往东北将丧失友朋。安顺守持正固可获吉祥。

《彖》曰：至哉坤元[1]！万物资生，乃顺承天。坤厚载物，德合无疆②；含弘光大，品物咸亨③。牝马地类，行地无疆，柔顺利贞④。君子攸行，先迷失道，后顺得常⑤。西南得朋，乃与类行；东北丧朋，乃终有庆⑥。安贞之吉，应地无疆⑦。

【注释】① 至哉坤元：至，形容词，指地生养万物之德美善至极。此句至“乃顺承天”，释卦辞“元”。 ② 无疆：兼含地域无涯和时间无限之义。 ③ 含弘光大，品物咸亨：崔憬曰：“含育万物为‘弘’，光华万物为‘大’；动植各遂其性，故曰‘品物咸亨’也。”以上四句释卦辞“亨”。 ④ 柔顺利贞：此句连上文“牝马地类，行地无疆”，释卦辞“利牝马之贞”。 ⑤ 君子攸行，先迷失道，后顺得常：得常，谓“坤德”能顺则福庆常保。这三句释卦辞“君子有攸往，先迷，后得主，利”。 ⑥ 东北丧朋，乃终有庆：终，至终、终极。此谓往东北方向虽丧阳失朋（参见卦辞译注），但行至终极，必将旋转为“西南”向，则也出现“得朋”之“庆”，故曰“乃终有庆”。这是揭示阴阳循环消长之理，表明只要安顺守持“坤”德，即使“丧朋”，也将出现“得朋”之时。以上四句释卦辞“西南得朋，东北丧朋”。 ⑦ 应地无疆：此释卦辞“安贞吉”。君子有安贞之吉，所以应地德也。

【译文】《彖传》说：美德至极啊，配合天开创万物的大地！万物依靠它成长，它顺从禀承天的志向。地体深厚而能普载万物，德性广合而能久远无疆；它含育一切使之发扬光大，万物亨通畅达遍受滋养。雌马是地面动物，永久驰骋在无边的大地上，它柔和温顺利于守持正固。君子有所前往，要是抢先居首必然迷入歧途偏失正道，要是随从人后、温和柔顺就能使福庆久长。往西南将得到友朋，可以和朋类共赴前方；往东北将丧失友朋，但最终也仍有喜庆福祥。安顺守持正固的吉祥，正应合大地的美德永保无疆。

【说明】《易传》原各自为篇，后人以《彖传》、《象传》分附于经文之下，盖始于东汉郑玄(参阅《三国志·魏志·高贵乡公传》)。今本《周易》的通例是：自《坤》以下六十三卦,《彖》、《象》皆散附卦辞、爻辞后;唯《乾》卦先卦爻辞,后《彖》、《象》、《文言》,经传不混,似是传《易》者有意留此一例,让读者据以明了《周易》经传各自分别的本来面目。

《象》曰：地势坤①;君子以厚德载物②。

【注释】① 地势坤：此释《坤》卦上下“坤”皆为“地”之象。 ② 厚德载物：厚,用如动词,犹言“增厚”。这是说明“君子”效法“地”厚实和顺之象,增厚其德以载万物。

【译文】《象传》说：大地的气势厚实和顺;君子因此增厚美德、容载万物。

初六①,履霜,坚冰至②。

【注释】① 初六：居卦下第一位,故称“初”;以其阴爻,故称“六”。 ② 履霜,坚冰至：履,犹言践、踩。此言阴气初起,必增积渐盛,犹如微霜预示着坚冰将至。

【译文】初六,踩上微霜,将要迎来坚冰。

《象》曰:“履霜坚冰”①,阴始凝也;驯致其道②,至坚冰也。

【注释】① 履霜坚冰:“坚冰”二字与下文重,郭京以为衍文;朱熹据《三国志·魏志·文帝丕》注引作“初六履霜”,认为当从补“初六”删“坚冰”。两说并通,可备参考。 ② 驯致其道:《正义》:“驯,犹狎顺也,若鸟兽顺狎然。言顺其阴柔之道,习而不已,乃至坚冰也。”

【译文】《象传》说:“踩上微霜将迎来坚冰”,说明阴气已经开始凝积;顺沿其中的规律,坚冰必将来到。

六二，直方大①，不习无不利②。

【注释】① 直方大：这是从六二的位、体、用三方面说明爻义之美。《正义》："生物不邪谓之'直'也，地体安静是其'方'也，无物不载是其'大'也。"《尚氏学》："方者，地之体；大者，地之用；而二又居中直之位：故曰'直方大'。" ② 不习无不利：习，犹言"学习"。

【译文】六二，正直、端方、宏大，不学习也未必不获利。

《象》曰：六二之动①，直以方也；"不习无不利"，地道光也②。

【注释】① 六二之动：《正义》："言六二之体，所有兴动，任其自然之性，故云'直以方也'。" ② 地道：指地的柔顺之道。

【译文】《象传》说：六二的变动，趋向正直、端方；"不学习未必不获利"，是大地的柔顺之道发出光芒。

六三，含章可贞①；或从王事，无成有终②。

【注释】① 含章可贞：章，指刚美章彩。此谓六三阴居阳位，犹内含刚美而不轻易发露，故可守"贞"。 ② 或从王事，无成有终：或，不定之辞，含抉择时机之义（见《乾》九四译注）；成，成功，"无成"犹言"不以成功自居"；有终，即尽"臣职"至终。此二句承前文义，展示"含章可贞"的具体情状。

【译文】六三，蕴含阳刚的章美、可以守持正固；或辅助君王的事业，成功不归已有而谨守臣职至终。

《象》曰："含章可贞"，以时发也；"或从王事"，知光大也①。

【注释】① 知光大：知，即"智"。此言六三不自擅章美，唯尽职"王事”,故称“智光大”。

【译文】《象传》说:“蕴含阳刚的章美,可以守持正固”,说明六三应当根据时机发挥作用;“或辅助君王的事业”,说明六三智慧光大恢弘。

六四,括囊,无咎无誉①。

【注释】① 括囊,无咎无誉:括,犹言“束紧”。此谓六四处位不中,其时不利施用,故以“括囊”喻缄口不言、隐居不出;这样虽不致惹害,但也不获赞誉,故曰“无咎无誉”。

【译文】六四,束紧囊口,免遭咎害不求赞誉。

《象》曰:“括囊无咎”,慎不害也。

【译文】《象传》说:“束紧囊口,免遭咎害”,说明六四必须谨慎小心才能不惹祸患。

六五,黄裳,元吉①。

【注释】① 黄裳,元吉:黄,居“五色”之“中”,象征“中道”;裳,古代服装是上衣下裳,故“裳”象征“谦下”;元,大也,犹言“至大”。此谓六五以柔居上卦之中,其德谦下,故获“元吉”。

【译文】六五,黄色裙裳,至为吉祥。

《象》曰:“黄裳元吉”,文在中也①。

【注释】① 文在中:文,谓“温文”,与“威武”相对,亦喻“坤”德。

【译文】《象传》说:“黄色裙裳,至为吉祥”,说明六五以温文之德守持中道。

上六，龙战于野①，其血玄黄②。

【注释】① 龙战于野：龙，喻阳刚之气；战，犹言“接”，“龙战”指阴阳交合。此句说明上六阴气至盛，阴极阳来，二气交互和合，故有“龙战”之象。② 其血玄黄：此句承上句意，谓阴阳二气交合，流出青黄交杂之血。

【译文】上六，龙在原野上交合，流出青黄相杂的鲜血。

《象》曰：“龙战于野”，其道穷也。

【译文】《象传》说：“龙在原野上交合”，说明上六的纯阴之道已经发展穷尽。

用六①，利永贞②。

【注释】① 用六：义与《乾》卦“用九”相对(参阅该卦译注)，也是指明《周易》哲学以变为主的一方面特色。但“用六”是就阴爻而言。《易》筮过程中，凡筮得阴爻，其数或“八”、或“六”，“六”可变、“八”不变，而筮法原则是用“六”不用“八”，亦即占“变爻”之意；若筮得六爻均“六”时，即以“用六”辞为占。 ② 利永贞：永，永久，含“健”义；能永久守正，即见阳刚之质。此谓柔极能济之以刚则利。

【译文】用“六”数，利于永久守持正固。

《象》曰：用六“永贞”，以大终也①。

【注释】① 以大终：阳大阴小，“以大终”犹言“以阳为归宿”。

【译文】《象传》说：用“六”数“永久守持正固”，说明阴柔以返回刚大为归宿。

《文言》曰：坤至柔而动也刚①，至静而德方②。后得主而有常③，含万物而化光④。坤道其顺乎！承天而时行。

【注释】① 至柔而动也刚:《尚氏学》:"坤柔动刚,义与'用六'、'大终'同。言《坤》虽至柔,遇六则变阳矣。" ② 至静而德方:方,古人以为"天圆地方",此处含"流布四方"之意。 ③ 后得主而有常:《正义》:"阴主卑退,若在事之后,不为物先,即'得主'也;此阴之恒理,故云'有常'。" ④ 含万物而化光:此句与《彖传》"含弘光大,品物咸亨"之义同。

【译文】《文言》说:大地极为柔顺但变动时却显示出刚强,极为安静但柔美的品德却流布四方。随从人后、有人作主,于是保持福庆久长,包容一切、普载万物于是焕发无限光芒。大地体现的规律多么柔顺啊!它禀承天的意志沿着四时运行得当。

积善之家,必有余庆;积不善之家,必有余殃。臣弑其君,子弑其父,非一朝一夕之故,其所由来者渐矣!由辩之不早辩也①。《易》曰:"履霜,坚冰至",盖言顺也②。

【注释】① 辩:通"辨",别。 ② 顺:《正义》:"言顺习阴恶之道,积微而不已,乃至此弑害。"

【译文】修积善行的家族,必然留下许多庆祥;累积恶行的家族,必然留下许多祸殃。臣子弑杀君主,儿子弑杀父亲,并非一朝一夕的缘故,作恶的由来是渐萌渐长!是由于君父不曾早日辨清真相。《周易》说:"踩上微霜,将要迎来坚冰",大概是譬喻阴恶事物的发展往往顺沿一定的趋向。

"直"其正也,"方"其义也①。君子敬以直内,义以方外②。敬义立而德不孤③。"直方大,不习无不利",则不疑其所行也④。

【注释】① 直其正也，方其义也：义，宜也。这是阐释爻辞“直”、“方”的深意。 ② 敬以直内，义以方外：这两句复申“直”、“方”之义，犹言“以敬使内心正直，以义使外形端方”。 ③ 德不孤：谓美德广布，人所响应。④ 不疑其所行：指美德充沛，所行必畅达无碍，故不须疑虑。

【译文】“直”说明品性纯正，“方”说明行为适宜。君子恭敬不苟于是促使内心正直，行为适宜于是促使外形端方。做到恭敬不苟、行为适宜，就能使美德广布而不孤立。“正直、端方、宏大，不学习也未必不获利”，说明美德充沛、一切行为都无须疑虑。

阴虽有美，含之以从王事，弗敢成也①。地道也，妻道也，臣道也。地道无成而代有终也②。

【注释】① 弗敢成：即六三爻辞“无成”之义（见该爻注）。 ② 代有终：代，谓“代替”。《正义》：“地道卑柔，无敢先唱成物；必待阳始先唱，而后代阳有终也。”

【译文】阴柔在下者纵然有美德，只是含藏不露而用来辅助君王的事业，不敢把成功归属己有。这是地顺天的道理，妻从夫的道理，臣忠君的道理。地顺天的道理表明成功不归己有而要替天效劳、奉事至终。

天地变化，草木蕃；天地闭，贤人隐①。《易》曰：“括囊，无咎无誉。”盖言谨也。

【注释】① 天地闭，贤人隐：此以“天地”闭塞喻社会昏暗，故使“贤人”隐遁。

【译文】天地运转变化，草木繁衍旺盛；天地闭塞昏暗，贤人隐退匿迹。《周易》说："束紧囊口，免遭咎害，不求赞誉。"大概是譬喻谨慎处世的道理吧。

君子黄中通理①，正位居体②，美在其中，而畅于四支③，发于事业：美之至也！

【注释】① 黄中通理：黄，中之色，六五柔居上卦中位，故称"黄中"（见爻辞译注）；理，文理。 ② 正位居体：犹言"体居正位"，即正确居处己位。 ③ 支：通"肢"。

【译文】君子的美质好比黄色中和、通达文理，他身居正确的位置，才美蕴存在内心，畅流于四肢，发挥于事业：这是最美的美质啊！

阴疑于阳必战①。为其嫌于无阳也，故称"龙"焉②；犹未离其类也，故称"血"焉③。夫玄黄者，天地之杂也：天玄而地黄④。

【注释】① 阴疑于阳必战：疑，通"凝"，犹言"凝情"。此谓上六处《坤》之极，阴极返阳，犹"凝情"于阳，故必致交合。 ② 为其嫌于无阳也，故称"龙"焉：嫌，疑。此言爻辞取"龙"喻阳，是虑及读者或疑卦中无阳，不明爻义。 ③ 犹未离其类也，故称"血"焉：类，朋类，指阳性"配偶"。此谓上六既阴极遇阳，阴阳必合，故爻辞称"血"以明交合。 ④ "夫玄黄者"三句：杂，《说文》"五采相合"，此处指血色相混。这三句说明爻辞"其血玄黄"，是譬喻天地交合之血混和。

【译文】阴气凝情于阳气必然相互交合。作《易》者是怕读者疑惑于《坤》卦没有阳爻，所以在爻辞中称"龙"代表阳；又因为阴不曾离失其配偶阳，所以在爻辞中称"血"代表阴阳交合。至于血的颜色为青黄相杂，这是说明天地阴阳的血交互混和：天为青色、地为黄色啊。

【总论】《周易》以《坤》卦继《乾》卦之后，寓有“天尊地卑”、“地以承天”的意旨。全卦大义，在于揭示“阴”与“阳”既相对立、又相依存的关系。在这对矛盾中，“阴”处于附从的、次要的地位，依顺于“阳”而存在、发展。就卦象看，《坤》以“地”为象征形象，其义主“顺”。卦辞强调：利于“雌马”之“贞”，“后得主”以随人，获吉于“安贞”，均已明示“柔顺”之义。六爻进一步抒发“阴”在附从“阳”的前提下的发展变化规律：二处下守中，五居尊谦下，三、四或“奉君”或“退处”，皆呈“坤，顺”之德，而以二、五最为美善；至于初六“履霜”与上六“龙战”，两相对照，又深刻体现了阴气积微必著、盛极返阳的辩证思想。《系辞上传》曰：“一阴一阳之谓道。”《周易》一书发端于《乾》、《坤》两卦，正反映了作者对阴阳辩证关系的具有一定深度的认识；换言之，作者似乎流露出这样一种观点：阴阳两种力量的相互作用，是宇宙间事物运动、变化、发展的源泉。

屯卦第三

䷂屯①：元亨，利贞②；勿用有攸往，利建侯③。

【注释】① 屯：音 zhūn，卦名，下震（☳）上坎（☵），象征"初生"。② 元亨，利贞：元，至大（见《坤》六五译注），"元亨"犹言"至为亨通"；利贞，利于守正。此谓事物初生、正待成长，故其势至为亨通；但初生之物应当正其根本、固其体质，故又利于守正。 ③ 勿用有攸往，利建侯：此谓事物初生，艰难当前，故不可轻动"有往"，应当广资辅助，故以"利建侯"为喻。

【译文】《屯》卦象征初生：至为亨通，利于守持正固；不宜有所前往，利于建立诸侯。

《彖》曰：屯，刚柔始交而难生①；动乎险中，大亨贞②。雷雨之动满盈③，天造草昧④；宜建侯而不宁⑤。

【注释】① 刚柔始交而难生：刚柔指阴阳。此句释卦名"屯"，说明事物"初生"之际，正是阴阳始交之时，此时必多艰难。 ② 动乎险中，大亨贞：动，指下震；险，指上坎。此以上下象释卦辞"元亨，利贞"，说明物"初生"犹如动于"险"中，故虽"大亨"亦须守"贞"。 ③ 雷雨之动满盈：雷，指下震；雨，指上坎。此句谓上下卦有雷雨将作、雷声乌云充盈之象，譬喻刚柔始交、物将萌生时的"氤氲"情状。 ④ 天造草昧：草，草创；昧，冥昧。此句紧承前句之意，又举“天造草昧”的情形，进一层譬喻初生之物将萌的状态。 ⑤ 不宁：谓不可安宁无事。此句合前文“雷雨之动”“天造草昧”，释卦辞“勿用有攸往，利建侯。”

【译文】《彖传》说：初生，譬如阳刚阴柔开始相交而艰难随着萌生；这是在危险中变动发展，前景尽管大为亨通却要守持正固。每当雷雨将作而乌云雷声充盈宇间，恰似大自然制造万物于草创之际、冥昧之时的情状；这种时候王者应当建立诸侯治理天下而不可安居无事。

《象》曰：云雷，屯①；君子以经纶②。

【注释】① 云雷，屯：释《屯》卦上坎为云、下震为雷之象。 ② 君子以经纶：经纶，用如动词，即以治丝喻治国。这是说明“君子”观《屯》象，悟知当局势初创多艰之时，须奋发治理天下。

【译文】《象传》说：乌云雷声交动，象征“初生”；君子因此在时局初创之际努力经略天下大事。

初九，磐桓，利居贞，利建侯①。

【注释】① 磐桓，利居贞，利建侯：磐桓，即盘桓。此言初九处“屯”之始，宜守正谨慎不进，多获资助，故云“利居贞，利建侯”。

【译文】初九，徘徊流连，利于静居守持正固，利于建立诸侯。

《象》曰：虽磐桓，志行正也；以贵下贱①，大得民也。

【注释】① 以贵下贱：阳贵阴贱，初九阳爻处群阴之下，故有是说。

【译文】《象传》说：尽管徘徊流连，但心志行为能保持端正；身份尊贵却下居卑位，说明初九可以大得民心。

六二,屯如,邅如①。乘马班如②,匪寇婚媾③;女子贞不字④,十年乃字⑤。

【注释】① 屯如,邅如:如,语气词;邅,音 zhān,《释文》引马融曰:"难行不进之貌。"《玉篇》:"转也"、"移也。"这两句说明六二当"屯难"之时,柔顺中正,能审慎忖度,不急于进,故有"邅如"之象。 ② 班如:谓"马多"之状。 ③ 匪:通"非"。 ④ 字:谓女子许嫁。 ⑤ 十年乃字:十年,言时间之久,又含时极转通之义。以上四句,"乘马"、"匪寇"指九五,"女子"指六二。谓二与五阴阳相应,故五乘马而来,欲求婚媾;但当"屯难"之时,二前有三、四两阴阻格,不宜轻动,故守正待时,至"十年"难消时通"乃字"。爻辞取象兼喻二、五两爻,义主于卦辞所云"利贞,勿用有攸往"。

【译文】六二,初创之时多么艰难,回复彷徨不前。乘马的人纷拥前来,但他们不是强寇而是来求婚配者;女子守持正固不急于出嫁,久待十年才缔结良缘。

《象》曰:六二之难,乘刚也①;十年乃字,反常也②。

【注释】① 乘刚:指六二乘凌初阳之上。 ② 反常:反,即"返"。此言六二"贞不字",有悖常理;"十年乃字",则难消而事理复常。

【译文】《象传》说:六二难行不进,是由于阴柔乘凌阳刚之上;久待十年才许嫁,说明难极至通、事理又恢复正常。

六三,即鹿无虞,惟入于林中①;君子几,不如舍,往吝②。

【注释】① 即鹿无虞,惟入于林中:即,追逐;虞,虞人,掌山泽之官。这两句说明六三处《屯》下卦之上,失正不中,躁于进取,犹无虞人相助而"逐鹿",徒入林中,必无所获。 ② 往吝:此句承前两句意,说明六二当"屯难"失正之时,应该"知几"退处,舍"鹿"不逐;若执意逐之不已,必徒劳无益而致“吝”。

【译文】六三，追逐山鹿没有虞人引导，只是空入茫茫林海中；君子应当见机行事，此时不如舍弃不逐，要是一意前往必有憾惜。

《象》曰：“即鹿无虞”，以从禽也[①]；“君子舍之、往吝”，穷也。

【注释】① 从禽：从，犹言“追捕”；禽，泛指禽兽。

【译文】《象传》说：“追逐山鹿没有虞人引导”，说明贪于追捕禽兽；“君子舍弃不逐、一意往前必有憾惜”，说明追逐不止将致穷困。

六四，乘马班如，求婚媾[①]；往吉，无不利。

【注释】① 乘马班如，求婚媾：此谓六四下应初九，阴阳相合，故乘马往求婚配，必可济“屯”获“吉”。

【译文】六四，乘马纷拥前去，欲求婚配；此往必获吉祥，无所不利。

《象》曰：求而往[①]，明也。

【注释】① 求而往：四阴求初阳，含有上者礼求下贤的喻意。

【译文】《象传》说：有求于下而前往，说明六四是明智的。

九五，屯其膏[①]。小，贞吉；大，贞凶[②]。

【注释】① 屯其膏：屯，此处有“克服屯难”之意；其，助词，含推测性语气，犹“将”；膏，用如动词，谓“施膏泽”。此句说明九五阳刚中正，居《屯》

尊位，为善处“屯难”、努力打通初创局面之象；又能下应六二，犹将克服“屯难”，下施膏泽，故曰“屯其膏”。 ② 小，贞吉；大，贞凶：此承前句意，说明九五之时“屯难”正在克服，“膏泽”行将广施，柔小处下者守正待时必获吉祥；但刚大居上者尚须敬慎行事，不可疏忽大意，功败垂成，故特诫其“贞”而防“凶”。

【译文】九五，克服初创艰难，即将广施膏泽。柔小者，守持正固可获吉祥；刚大者，守持正固以防凶险。

《象》曰：“屯其膏”，施未光也。

【译文】《象传》说：“克服初创艰难，即将广施膏泽”，说明九五所施德泽尚未及光大。

上六，乘马班如，泣血涟如[1]。

【注释】① 乘马班如，泣血涟如：涟如，形容泪流汪汪之状。此谓上六居《屯》卦之极，初创艰难的局面已经打通，正转向新的发展阶段；但上六质禀阴柔，仍持“屯难”的旧观念，欲效前爻“乘马”求贤，无奈六三同性不应，故“泣血涟如”，徒自伤悲。

【译文】上六，乘马之人纷拥而往，欲求婚配，(但竟无感应)泣血伤心泪涟涟。

《象》曰：“泣血涟如”，何可长也[1]？

【注释】① 何可长也：指上六虽因不明时变、徒致伤悲，但随着大局进一步亨通，必将恍然自悟、释然无忧。

【译文】《象传》说：“泣血伤心泪涟涟”，上六又怎会长久如此呢？

【总论】《屯》卦喻示事物初生之际的情状，义在阐明“初创艰难”。卦辞既言此时可致亨通，又谓利于守正、宜“建侯”广资辅助，表露了作者哲理浓厚的观点：认为创物虽艰难，若能把握正确的规律，前景必将充满光明。卦中六爻，通过不同的物象，揭示处“屯”之道：初“盘桓”，以居正不出为利；二“屯邅”，似女子“守贞待字”则宜；三“即鹿”，当退不当进；四“求婚”，亲下获吉；五“初创”局面将通，但不可疏忽，须守正防凶；上虽“泣血”，但大势已通，必将化忧为喜。综言之，六爻均围绕物之“初生”、时之“草创”，明其吉凶利咎，大旨无不强调居正慎行。从哲学内涵分析，全卦所明“初生”、“艰难”的本旨，是勉励人沿着“草创”之时的发展趋势，不断开拓、进取，以求得“元亨”为最终目的。《大象传》申言“君子以经纶”，即体现“奋发图治”、处“屯”求通的精神。《宋书·谢灵运传》所谓“国屯难而思抚”，正与此义合，可见，《屯》卦的积极意义，是以辩证的哲学观点，指出“初生”事物的发展前景，展示“君子有为之时”开“屯”致“通”的途径。

蒙卦第四

䷃蒙①：亨②。匪我求童蒙，童蒙求我③；初筮告，再三渎，渎则不告④。利贞⑤。

【注释】① 蒙：卦名，下坎(☵)上艮(☶)，象征"蒙稚"。 ② 亨：指事物"蒙稚"之时，若合理启发，必致亨通。 ③ 匪我求童蒙，童蒙求我：我，指"启蒙之师"，喻九二；童蒙，喻六五，此处"求童蒙"犹言"求童启蒙"("童蒙求我"即反此义)。这两句说明启蒙之事，是"学子"有求于"师"，并非"师"求"学子"。卦中六五下应九二，正合"童蒙求我"之象。 ④ 初筮告，再三渎，渎则不告：筮，音 shì，原指以蓍草演卦占问，此处特指"学子"向"蒙师"问疑求决；渎，《释文》"乱也"。这三句说明"治蒙"的规律，"蒙稚"者应当虔心循序求问，不可"再三"滥问、渎乱学务；而"蒙师"也必须教之有方，故初告、渎不告。 ⑤ 利贞：此句总结卦辞，说明"治蒙"之道，利于守正。

【译文】《蒙》卦象征蒙稚：亨通。并非我求有于幼童来启发蒙稚，而是幼童需要启发蒙稚有求于我；初次祈问施以教诲，接二连三地滥问是渎乱学务，渎乱就不予施教。利于守持正固。

《彖》曰：蒙，山下有险，险而止，蒙①。"蒙，亨"，以亨行时中也②。"匪我求童蒙，童蒙求我"，志应也③。"初筮告”,以刚中也④;“再三渎,渎则不告”,渎蒙也⑤。蒙以养正,圣功也⑥。

【注释】① 山下有险,险而止,蒙:山,指上艮;险,指下坎。此以上下卦象释卦名“蒙”。 ② 以亨行时中也:此谓九二处下卦之中,犹沿亨通之道“治蒙”而能把握适中的时机,以释卦辞“蒙,亨”之义。 ③ 志应:指卦中二、五阴阳相应,犹“蒙师”、“学子”志趣投合。此释卦辞“匪我求童蒙,童蒙求我。” ④ 刚中:指九二阳刚居中,喻“蒙师”刚严有方,“初筮”必“告”。此释卦辞“初筮告”。 ⑤ 渎蒙:谓渎乱蒙稚的启迪程序,此释卦辞“再三渎,渎则不告”。 ⑥ 蒙以养正,圣功也:圣功,犹言“致圣之功”。此释卦辞“利贞”。

【译文】《彖传》说:蒙稚,譬如高山下有险阻,遇险止步、徬徨不前,正像蒙稚的情状。“蒙稚,亨通”,说明可以顺沿亨通之道施行启蒙,并把握适中的时机。“并非我有求于幼童来启发蒙稚,而是幼童需要启蒙有求于我”,这样双方的志趣就能相应。“初次祈问施以教诲”,说明蒙师有阳刚气质、行为适中;“接二连三地滥问是渎乱学务,渎乱就不予施教”,因为渎乱了蒙稚启迪的正常程序。蒙稚的时候应当培养纯正无邪的品质,这是造就圣人的成功之路。

《象》曰:山下出泉,蒙①;君子以果行育德②。

【注释】① 山下出泉,蒙:释《蒙》卦上艮为山、下坎为水之象。泉流出山必渐汇成江河,正如“蒙稚”渐启。 ② 果行育德:果,用如动词;“果行”犹言果决其行,含“百折不挠”之意。这是说明“君子”效法《蒙》卦“山下出泉”之象,“果行”不止、“育德”不懈。

【译文】《象传》说:高山下流出泉水,象征渐启“蒙稚”;君子因此果断决定自己的行动来培育美德。

初六,发蒙,利用刑人,用说桎梏①;以往吝②。

【注释】① 发蒙,利用刑人,用说桎梏:刑,即"型",用如动词,指以典型、法式教人;说,通"脱";桎梏,音 zhì gù,木制刑具。这三句说明初六处"蒙"之始,宜受启蒙教育,才能端正品质,免犯罪恶,不至于身罹"桎梏"。② 以往吝:以,犹"而"。这句说明初六若不专心受教"发蒙",急于求进,必将"往"而有"吝"。

【译文】初六,启发蒙稚,利于树立典型教育人,使人免犯罪恶;要是急于前往必有遗憾惋惜。

《象》曰:利用刑人,以正法也①。

【注释】① 正法:以法为正。

【译文】《象传》说:利于树立典型教育人,是为了让人就范于正确的法则。

九二,包蒙,吉①。纳妇,吉②;子克家③。

【注释】① 包蒙,吉:这是譬喻九二阳刚居下卦中位,被初、三、四、五诸阴所"包",犹如"蒙师"居于众"学子"中,正施教诲,故"吉"。 ② 纳妇,吉:此喻九二与六五应合,五居尊,下求于二,则二有"纳妇"之象。妇能配己成德,故再称"吉"。 ③ 子克家:此句又喻九二处下而能为六五尊者之师,犹如子辈却能治家。

【译文】九二,被蒙稚者所环绕,吉祥。像迎娶贤淑美丽的妻室一样,吉祥;又像儿辈能够治家。

《象》曰:"子克家",刚柔接也①。

【注释】① 刚柔接:九二阳刚,有"子"能治家,下者为尊者师之象;六五阴柔,有尊者下求贤师、虚心受教之象;二、五应合,故称"刚柔接"。

【译文】《象传》说:“儿辈能治家”,说明九二阳刚和六五阴柔互为应接。

六三,勿用取女,见金夫①,不有躬,无攸利②。

【注释】① 金夫:美称。 ② 不有躬,无攸利:躬,自身。此上四句,“女”喻六三,“金夫”喻上九。说明三与上相应,但三处《蒙》下卦之终,阴柔失正,乘凌九二阳刚,有既处“蒙稚”又急于求进之象,犹如女子见美男亟欲求之,不顾“礼节”;故爻辞戒上九“勿取”此女,取之必“无攸利”。

【译文】六三,不宜娶这女子,她眼中所见只是美貌郎君,不顾自身体统,娶她无所利益。

《象》曰:“勿用取女”,行不顺也①。

【注释】① 行不顺:指六三阴居阳位,下乘九二。

【译文】《象传》说:“不宜娶这女子”,说明六三行为不顺合礼节。

六四,困蒙,吝①。

【注释】① 困蒙,吝:此谓六四当“蒙”之时,以阴处上下两阴之间,犹如远离“蒙师”、独困蒙稚,故有“吝”。

【译文】六四,困陷于蒙稚,有所憾惜。

《象》曰:“困蒙之吝”,独远实也①。

【注释】① 独远实:阳实阴虚,四独远九二,故称。

【译文】《象传》说:“困陷于蒙稚的憾惜”,说明六四独自远离刚健笃实的蒙师。

六五,童蒙,吉①。

【注释】① 童蒙,吉:此谓六五阴柔居尊,谦下应二,犹“童蒙”虚心柔顺,承教于师,故“吉”。

【译文】六五,幼童的蒙稚正受启发,吉祥。

《象》曰:“童蒙之吉”,顺以巽也①。

【注释】① 顺以巽:以,连词,犹“而”;巽,音 xùn,犹言“谦逊”。

【译文】《象传》说:“幼童的蒙稚正受启发,吉祥”,说明六五对蒙师恭顺谦逊。

上九,击蒙①;不利为寇,利御寇②。

【注释】① 击蒙:击,治,即以猛击治“蒙”。此句说明上九阳居《蒙》终,犹如“蒙师”高居上位,以严厉措施教治蒙稚者,故曰“击蒙”。 ② 不利为寇,利御寇:为寇,喻暴烈过甚的方式;御寇,喻适当的严厉。此因上九阳刚极盛,戒其治蒙可严不可暴,故谓严则“利”,暴则“不利”。

【译文】上九,猛击以启发蒙稚;不利于施用暴烈过甚的方式,宜于采用抵御强寇的方式。

《象》曰:“利用御寇”,上下顺也。

【译文】《象传》说:“利于采用抵御强寇的方式治蒙”,是说可以使上下的意志顺合和谐。

【总论】事物发展的初期阶段,必多蒙昧。《尚书·太甲》叙伊尹语曰:“先王昧爽丕显,坐以待旦;旁求俊彦,启迪后人。”《礼记·学记》云:“玉不琢,不成器;人不学,不知道。是故古之王者,建国君民,教学为先。”可见,我国古代对传道授业、启蒙育智是十分重视的。《蒙》卦取名“蒙稚”,其义在于揭示“启发蒙稚”的道理。卦辞称“匪我求童蒙,童蒙求我”,体现“尊师敬学”的思想,与《礼记·曲礼上》所谓“礼闻来学,不闻往教”之义相同;又称“童蒙”初问“告”,再三滥问“不告”,展示了启发引导式的教学原则,与《论语·述而》所谓“举一隅不以三隅反,则不复也”之义略通。六爻大旨,二阳爻喻“师”,四阴爻喻“蒙童”,即程颐云:“二阳为治蒙者,四阴皆处蒙者也。”(《程传》)其中九二阳刚处下,启迪群蒙,为有道“师表”之象;上九刚健居终,以严施教则利,以暴施教则不利:这是从“教”的角度揭明“启蒙”规律。六五居尊谦下,“蒙以养正”,为好学“君子”之象;初六阴弱蒙稚,潜心“发蒙”则可,急于求进必“吝”;六三、六四两爻,或不循学径、盲目躁动,或远离其“师”、困陷蒙昧,均不能去蒙发智:这是从“学”的角度揭明“治蒙”规律。综观全卦,无非紧扣“教”、“学”两端,抒发作《易》者颇具辩证因素的教育思想。蔡清曰:“在蒙者便当求明者,在明者便当发蒙者,而各有其道。”(《易经蒙引》)正是本卦大义的概括。若联系我国古代教育史,进一步考究《蒙》卦的思想内容,似乎又有利于追溯、挖掘先秦时期以孔子为代表的某些教育理论的哲学渊源:这是本卦值得重视的一方面价值。

卷二

需卦第五

䷄ 需①：有孚，光亨，贞吉②，利涉大川③。

【注释】① 需：卦名，下乾（☰）上坎（☵），象征“需待”。 ② 有孚，光亨，贞吉：《周易》中出现的“孚”字，一般均指“心怀诚信”；光，即光明磊落。这三句说明有所“需待”之时，能诚信、光明、守正，则可获“亨”、“吉”。卦中九五爻阳刚中正，与此象有合。 ③ 利涉大川：大川，即大河流，喻艰难险阻。

【译文】《需》卦象征需待：心怀诚信，光明亨通，守持正固可获吉祥，利于涉越大河巨流。

《彖》曰：“需”，须也①；险在前也，刚健而不陷，其义不困穷矣②。“需，有孚，光亨，贞吉”，位乎天位，以正中也③。“利涉大川”，往有功也④。

【注释】① 需，须也：需，有“需求”和“期待”二义，本句释“需”为“须”，主于“期待”之义。 ② 险在前也，刚健而不陷，其义不困穷矣：险，指上卦坎;刚健,指下卦乾;义,犹言“宜”。这三句举上下卦象之义,配合前文并释卦名“需”。 ③ 位乎天位,以正中也:此释卦辞“有孚,光亨,贞吉”,指九五居于“天”位,得正而持中。 ④ 往有功也:此句释卦辞“利涉大川”。

【译文】《彖传》说:“需”,意思是有所期待;譬如艰难险阻正在前方,刚强健实而不陷入厄境,因为期待适宜便不致路困途穷。“需待,心怀诚信,光明亨通,守持正固可获吉祥”,说明九五居于“天”的位置,而且处位正中。“利于涉越大河巨流”,说明一往直前必获成功。

《象》曰:云上于天,需①;君子以饮食宴乐②。

【注释】① 云上于天,需:释《需》卦上坎为云(水)、下乾为天之象。② 君子以饮食宴乐:这是说明“君子”观《需》卦之象,悟知“饮食宴乐”也应当“需时”之理。

【译文】《象传》说:云气上集于天(待时降雨),象征“需待”;君子因此需待其时饮用食物、举宴作乐。

初九,需于郊,利用恒,无咎①。

【注释】① 需于郊,利用恒,无咎:郊,指城邑之外的周围地区。这是说明初九处《需》卦之始,远离坎险,犹如在邑郊“需待”其时;但此时当以恒心久待,不可妄动,故曰“利用恒,无咎”。

【译文】初九,在郊外需待,利于保持恒心,必无咎害。

《象》曰:“需于郊”,不犯难行也;“利用恒无咎”,未失常也①。

【注释】① 未失常:常,指恒常之理。

【译文】《象传》说："在郊外需待"，说明初九不朝着险难前行；"利于保持恒心，必无咎害"，说明初九未曾离失常理。

九二，需于沙，小有言；终吉①。

【注释】①需于沙，小有言；终吉：沙，沙滩，喻离险不远。这两句说明九二处下卦之中，离上卦坎险不远，犹如在近水的沙滩需待，又如稍受言语中伤；两层比喻都体现九二虽未及"难"，却正在向危难靠近。但由于阳刚居中，有静待不躁之象，故获"终吉"。

【译文】九二，在沙滩需待，略受言语中伤；坚持需待至终必获吉祥。

《象》曰："需于沙"，衍在中也①；虽小有言，以终吉也②。

【注释】① 衍在中：衍，犹言"宽绰"，此句说明九二阳刚居中，能宽绰需待。 ② 以终吉也：阮元《校勘记》以为本句"终"字与前文"中"叶韵，故应从石经、岳本、监、毛本作"以吉终也"。似当据改。

【译文】《象传》说："在沙滩需待"，说明九二中心宽绰不躁；尽管略受言语中伤，但能坚持需待至终必获吉祥。

九三，需于泥，致寇至①。

【注释】① 需于泥，致寇至：泥，犹言"泥滩"，喻濒临于险。寇，喻危害。这两句说明九三处《需》下卦之上，濒临坎险，犹如在"泥滩"需待，将陷水中；又以阳居阳位，有刚亢躁进之象，故将致"寇"害。

【译文】九三，在泥滩需待，招致强寇到来。

《象》曰:“需于泥”,灾在外也①;自我致寇,敬慎不败也②。

【注释】① 灾在外:指“九三”虽“需于泥”,但坎险尚在身外。 ② 敬慎不败:这是《象传》作者的诫语,谓九三须审慎才不致危败。

【译文】《象传》说:“在泥滩需待”,说明九三灾祸尚在身外;自我招致强寇,说明九三要敬谨审慎才能避免危败。

六四,需于血,出自穴①。

【注释】① 需于血,出自穴:血,喻伤之重;穴,喻险之深。此谓六四居上卦坎下,犹如罹险遭伤,而需待于“血泊”之中;但因阴柔得正,在危难时冷静需待,故又能从“深穴”中脱出。爻义主于“需待”有方,则虽险也能化夷。

【译文】六四,在血泊中需待,从陷穴里脱出。

《象》曰:“需于血”,顺以听也①。

【注释】① 顺以听:“顺”、“听”义近为互文。

【译文】《象传》说:“在血泊中需待”,是说六四冷静等待而顺从听命于时势。

九五,需于酒食,贞吉①。

【注释】① 需于酒食,贞吉:酒食,食物之丰美者,喻“德泽”。此谓九五居《需》卦“君位”,阳刚中正,犹如需待丰美的食物以施惠于民,故“贞”而获“吉”。

【译文】九五,需待于酒醪食肴,守持正固可获吉祥。

《象》曰:“酒食贞吉”,以中正也。

【译文】《象传》说:“需待于酒醪食肴、守持正固可获吉祥”,说明九五居中得正。

上六,入于穴①,有不速之客三人来②;敬之,终吉③。

【注释】① 入于穴:穴,喻险之极。此谓上六以阴居卦终,“需”极转躁,不复需待,故陷入坎穴,未能自脱。 ② 有不速之客三人来:三人,喻下卦三阳。此句说明上六下应九三,而当“需”极之时,九三能偕同二阳共同越过坎险,犹如“不速之客三人”同来应援上六,则上六的“入穴”之难终将可脱。 ③ 敬之,终吉:敬之,喻上六敬待下三阳。此谓上六当“需”极“入穴”之时,若能以柔顺之道敬待越险而上的“三阳”,则可脱险“终吉”。全爻大义主于:“需待”至极,虽有险难,也将有众物相助而获吉。

【译文】上六,落入陷穴,不召而至的三位客人来访;恭敬相待,终将获得吉祥。

《象》曰:“不速之客来,敬之终吉”,虽不当位①,未大失也。

【注释】① 不当位:王弼以为“上”为“虚位”,故曰:“处无位之地,不当位者也。”似可从。

【译文】《象传》说:“不召而至的客人来访,恭敬相待终将获得吉祥”,说明上六尽管处位不妥当,但未至于遭受重大损失。

【总论】《需》卦发“需待”之义,阐明事物在发展过程中当耐心待时的道理。卦辞所谓“亨”、“吉”、“利涉大川”,即是守正需待所致。卦中六爻,不论刚柔,各能容忍守静、敬慎待时,故或吉、或无咎、或化险为夷,皆不呈“凶”象。《折中》引吕祖谦曰:“《需》初九、九五二爻之吉,固不待言。至于余四爻，如二则‘小有言，终吉’，如三之《象》则曰‘敬慎不败’，四之《象》则曰‘顺以听也’，上则曰‘有不速之客三人来，敬之，终吉’。大抵天下之事，若能款曲停待，终是少错。”案《论语·子罕》有一段记载：“子贡曰：‘有美玉于斯，韫匵而藏诸，求善贾沽诸？’子曰：‘沽之哉，沽之哉，我待贾者也。’”刘宝楠《正义》曰：“君子于玉比德。时夫子抱道不仕，故子贡借玉以观夫子藏用之意。‘善贾’喻贤君也，虽有贤君，亦待聘乃仕，不能枉道以事人也。”孔子所言“待贾”，意谓“藏德待用”；就“待”这一意义看，实与《需》卦“守正待时”之旨相切。

讼卦第六

䷅ 讼①：有孚窒惕，中吉②；终凶，利见大人，不利涉大川③。

【注释】① 讼：卦名，下坎(☵)上乾(☰)，象征"争讼"。 ② 有孚窒惕，中吉：这是说明"争讼"必有诚信被"窒"、心有惕惧而致；但讼不可过甚，应当持"中"才有"吉"。 ③ 终凶，利见大人，不利涉大川：此谓"争讼"不可终极不止，利于出现"大人"决讼，但不利于"争讼"时涉险。

【译文】《讼》卦象征争讼：是诚信被窒塞、心有惕惧所致，持中不偏可获吉祥；始终争讼不息则有凶险，利于出现大人，不利于涉越大河巨流。

《彖》曰：讼，上刚下险，险而健①，讼。"讼：有孚窒惕，中吉"，刚来而得中也②。"终凶"，讼不可成也③。"利见大人"，尚中正也④。"不利涉大川"，入于渊也⑤。

【注释】① 上刚下险，险而健："刚"、"健"指上卦乾，"险"指下卦坎。这是举上下卦象譬喻临险刚健则能争讼，释卦名"讼"之义。 ② 刚来而得中：此举九二阳刚得中之象，释卦辞"讼，有孚窒惕，中吉"。谓九二以刚来居下卦两阴之间。 ③ 讼不可成：此句以上九"争讼"穷极难成，释卦辞"终凶"。 ④ 尚中正：此以九五中正决讼而被崇尚，释卦辞"利见大人”。 ⑤ 入于渊：此句又举上下卦乾刚乘坎险之象，说明恃刚犯难，将有陷于深渊之危，以释卦辞“不利涉大川”。

【译文】《彖传》说：争讼，譬如阳刚居上、险陷居下，临险而强健，遂能争讼。“争讼是诚信被窒塞、心有惕惧所致，持中不偏可获吉祥”，说明阳刚前来处险而保持适中。“始终争讼不息则有凶险”，说明穷极争讼不能成功。“利于出现大人”，说明决讼崇尚守正持中。“不利于涉越大河巨流”，说明恃刚乘险将陷入深渊。

《象》曰：天与水违行，讼①；君子以作事谋始②。

【注释】① 天与水违行，讼：释《讼》卦上乾为天、下坎为水之象。 ② 作事谋始：这是说明“君子”观《讼》卦之象，悟知“作事”之初，当先“谋”其“始”，如宣明章纪、判明职分，以杜绝“争讼”于未萌之前。

【译文】《象传》说：天西转与水东流相违背而行，象征（不和睦而）“争讼”；君子因此办事先考虑其初（杜绝争讼的本源）。

初六，不永所事①；小有言，终吉②。

【注释】① 不永所事：初六以阴居《讼》之初，有退而不争之象，故能不永于讼事。 ② 小有言，终吉：这是说明初六与九四有应，四阳刚好讼，故以“言语”犯初；但初能退，则终能辨明是非而获“吉”。

【译文】初六，不久缠于争讼事端；尽管略受言语中伤，终将获得吉祥。

《象》曰：“不永所事”，讼不可长也；虽“小有言”，其辩明也。

【译文】《象传》说："不久缠于争讼事端"，说明争讼不可长久不停；尽管"略受言语中伤"，说明初六通过辨析终将分明。

九二，不克讼①，归而逋②，其邑人三百户，无眚③。

【注释】① 不克讼：克，犹言"胜"。此谓二与五两刚无应致讼，二处下失利，故"不克讼"。 ② 逋：音 bū，逃亡。 ③ 三百户，无眚：三百户，犹言小邑。眚，音 shěng，灾，犹言"祸患"。这句是说明九二阳刚居中，能适宜权衡讼事，于失利时及早逃归三百户小邑，故可免灾。

【译文】九二，争讼失利，逃窜速归，那是三百户人家的小邑，居此不遭祸患。

《象》曰："不克讼"，归逋窜也；自下讼上①，患至掇也②。

【注释】① 自下讼上：指九二与九五不相应而争讼。 ② 患至掇也：掇，音 duō，中止。此谓九二"患至"而又中止，正释及时躲避之义。

【译文】《象传》说："争讼失利，便逃窜速归"，是说九二居下与尊上争讼，灾患临头(但及时躲避)而又中止。

六三，食旧德，贞厉，终吉①；或从王事，无成②。

【注释】① 食旧德，贞厉，终吉：旧德，指旧有俸禄；贞厉，犹言"守正防危"。这三句说明六三以柔居《讼》下卦之上，有不能争讼、唯"食旧德"之象；但三位不正，故又诫以守正防危，可获"终吉"。 ② 或从王事，无成：即《坤》六三"或从王事，无成有终"之义。这里指居"讼"之时，六三当以从刚为本，不主"讼事"；事有成，也不以成功自居。

【译文】六三，安享旧日的德业，守持正固以防危险，终将获得吉祥；或辅助君王的事业，成功不归己有。

《象》曰：食旧德，从上吉也[①]。

【注释】① 从上：即承乾，指六三以阴柔上承阳刚。

【译文】《象传》说："安享旧日的德业"，是说六三顺从阳刚尊上可获吉祥。

九四，不克讼[①]；复即命，渝，安贞吉[②]。

【注释】① 不克讼：此句说明九四下应初六，先有相犯而争讼，初能辨明，四则败讼，故"不克"。 ② 复即命，渝，安贞吉：复，回头；即，就也；命，理也，犹言"正理"；渝，变也；安贞吉，安守正固则吉。这三句说明九四阳居阴位，刚则能柔，故于"不克讼"之后，能归就正理，改变初衷，安顺守贞而获吉祥。

【译文】九四，争讼失利；回心归就正理，改变争讼的念头，安顺守持正固可获吉祥。

《象》曰：复即命，渝，安贞不失也。

【译文】《象传》说："回心归就正理，改变争讼的念头"，说明九四安顺守持正固必无损失。

九五，讼，元吉[①]。

【注释】① 讼，元吉：讼，犹言"决讼"。此谓九五阳刚中正，为"君子"听讼、明断曲直之象，故称"元吉"。

【译文】九五，明决争讼，至为吉祥。

《象》曰："讼，元吉"，以中正也。

【译文】《象传》说："明决争讼，至为吉祥"，说明九五居中持正。

上九，或锡之鞶带①，终朝三褫之②。

【注释】① 锡：即“赐”。 鞶带：鞶，音 pán，《本义》：“命服之饰。”这是以显贵的服饰喻指高官厚禄。 ② 终朝三褫之：三，喻多次；褫，音 chǐ，夺。以上三句说明上九以阳刚居《讼》之极，强讼不止，或因取胜而受赐厚禄，也将“终朝”之间多次被夺。

【译文】上九，偶或（凭借胜讼）获赐饰有大带的显贵之服，但在一天之内却多次被剥夺。

《象》曰：以讼受服，亦不足敬也。

【译文】《象传》说：由于争讼而受赏官禄，这也不值得尊敬。

【总论】《讼》卦并非教人如何“争讼”，而是诫人止讼免争。卦辞一方面指出：必须在“信实”被止塞的情状下才能“起讼”；另一方面深诫：讼事应当持“中”，若讼极不止必凶。卦中九五喻“听讼”尊主，以中正、明决获“元吉”；余五爻皆身系讼事，其中初六不与人争而获“终吉”、九二败讼速退而获“无眚”、六三安分不讼亦获“终吉”、九四败讼悔悟而获“安贞吉”，惟上九穷争强讼，自取“夺赐”之辱。可见，全卦大旨是始终申言“讼”不宜穷争、应及早平息的道理。当然，若要杜绝争讼，务须治其本源。《大象传》称“君子作事谋始”，提出“作事”之初先防“讼”于未萌的观点，即是强调凡事先明确章约、判定职分，使讼无从生，争无由起。王弼《周易注》引孔子曰：“听讼，吾犹人也，必也使无讼。”（语见《论语·颜渊》，又见《礼记·大学》）此语正合《大象传》的精蕴：既揭出《讼》卦的象外之旨，又反映了古人追求息讼免争、人人平和的社会理想。

师 卦 第 七

䷆ 师[①]：贞[②]，丈人吉，无咎[③]。

【注释】① 师：卦名，下坎(☵)上坤(☷)，象征"兵众"。 ② 贞：指"兵众"应当以"正"为本。即《彖传》所谓"能以众正，可以王矣。" ③ 丈人吉，无咎：丈人，犹言"贤明长者"，兼具"德"与"长"的素质。这两句说明"兵众"必须以"丈人"为统帅，才能"无咎"。

【译文】《师》卦象征兵众：守持正固，贤明长者统兵可获吉祥，必无咎害。

《彖》曰：师，众也；贞，正也。能以众正，可以王矣[①]。刚中而应，行险而顺[②]，以此毒天下[③]，而民从之，吉又何咎矣！

【注释】① 能以众正，可以王矣：以，介词，犹"使"。这两句配合前文"师，众也；贞，正也"，并释卦辞"师，贞"之义。 ② 刚中而应，行险而顺：刚中，指九二；应，指上应六五；险，指下卦坎；顺，指上卦坤。这两句取二、五爻象及上下卦象，譬喻"行兵"之际，贤臣上应其君，行险而不违顺，必能获吉，正见"丈人吉"之义。 ③ 毒天下：毒，用如动词，犹言"攻伐"。这句至末，配合上文"刚中而应，行险而顺"，释卦辞"丈人吉，无咎"，说明具备这些条件的"丈人"统兵，必可获吉而无所咎害。

【译文】《彖传》说："师"，是部属众多的意思；"贞"，是守持正固的意思。能使众多部属坚守正道，就可以作君王了。譬如刚健居中者在下相应于尊者，履行危险之事而顺合正理，凭借这些来攻伐天下，百姓纷纷服从，势必获得吉祥，又哪有咎害呢！

《象》曰：地中有水，师①；君子以容民畜众。

【注释】① 地中有水，师：释《师》卦上坤为地、下坎为水之象。

【译文】《象传》说：地中藏聚着水源，象征"兵众"；君子因此广容百姓、聚养众人。

初六，师出以律，否臧凶①。

【注释】① 否臧凶：否，不也；臧，音 zāng，善也。以上两句说明初六处《师》之始，为"兵众"初出之象，故诫其严明军纪，反之必凶。

【译文】初六，兵众出发要用法律、号令来约束，军纪不良必有凶险。

《象》曰："师出以律"，失律凶也。

【译文】《象传》说："兵众出发要用法律号令来约束"，说明丧失纪律必有凶险。

九二，在师，中吉，无咎①；王三锡命②。

【注释】① 在师，中吉，无咎：在师，犹言"率师"。这是说明九二阳刚居下卦之中，上应六五之"君"，犹如统帅兵众能持中不偏，故"吉"而"无咎"。 ② 王三锡命：三，泛指多次；锡，即"赐"，此谓二为五所应，犹如率师有功多次受赏。

【译文】九二，统率兵众，持中不偏可获吉祥，必无咎害；君王多次给予奖赏、委以重任。

《象》曰："在师中吉"，承天宠也①；"王三锡命"，怀万邦也。

【注释】① 天宠：喻九二与六五有应。

【译文】《象传》说："统率兵众持中不偏可获吉祥"，说明九二承受"天子"的宠爱；"君王多次奖赏委任"，说明怀有平定天下万方的志向。

六三，师或舆尸，凶①。

【注释】① 师或舆尸，凶：或，有时或然之辞；舆尸，以车载尸，喻兵败，这是说明六三处《师》下卦之上，阴柔失正，上无阳应，下又乘刚，有力微任重、贪功冒进之象，因而取败。

【译文】六三，兵众时而载运尸体归来，有凶险。

《象》曰："师或舆尸"，大无功也。

【译文】《象传》说："兵众时而载运尸体归来"，说明六三太不获战功了。

六四，师左次，无咎①。

【注释】① 师左次，无咎：左次，犹言"撤退"。此谓六四居《师》上卦之始，虽无下应，但柔顺得正，当不利时能撤退暂处，待时再进，故获"无咎"。

【译文】六四，兵众撤退暂守，免遭咎害。

《象》曰:“左次无咎”,未失常也。

【译文】《象传》说:“撤退暂守免遭咎害”,说明六四用兵不失通常之法。

六五,田有禽,利执言,无咎①;长子帅师,弟子舆尸,贞凶②。

【注释】① 田有禽,利执言,无咎:禽,泛指禽兽;言,语气助词。这是说明六五居《师》“君”位,但体柔处中,不穷兵黩武,只在被侵犯时予以反击;犹如“田”中有禽兽犯苗,则利于捕取,无所咎害。 ② 长子帅师,弟子舆尸,贞凶:长子,犹言刚正长者,指九二,义同卦辞所谓“丈人”。弟子,犹言无德小子,与“长子”义相对;贞凶,即守正防凶。这三句承接上文,说明六五既以柔居尊,则不能自行统兵,必委任于人。若任刚正“长子”可以取胜,若任无德“弟子”将致败绩。故诫其守“正”防“凶”,即申任人须正之义。

【译文】六五,田中有禽兽,利于捕取,必无咎害;委任刚正长者可以统率兵众,委任无德小子必将载尸败归,守持正固以防凶险。

《象》曰:“长子帅师”,以中行也;“弟子舆尸”,使不当也。

【译文】《象传》说:“委任刚正长者可以统率兵众”,说明六五的行为居中不偏;“委任无德小子必将载运尸体大败而归”,这是使用人不得当的结果。

上六,大君有命,开国承家,小人勿用①。

【注释】① 大君有命,开国承家,小人勿用:这三句说明上六处《师》之终,时当班师告捷,故有“开国承家”之赏;但若为小人,则不被重用。

【译文】上六,天子颁发命令,封赏功臣为诸侯、为大夫,小人不可重用。

《象》曰:“大君有命”,以正①功也;“小人勿用”,必乱邦也。

【注释】① 正:作动词,犹言“评定”。

【译文】《象传》说:“天子颁发命令”,是为了定功封赏;“小人不可重用”,说明若用小人必将危乱邦国。

【总论】《师》卦以“兵众”为名,阐发用兵的规律。卦辞强调两项原则:一、用兵的前提在“正”,即认为“能以众正”的“仁义之师”,可以“毒天下而民从之”(《彖传》);二、出师胜负的关键,系于择将得当与否,故必用贤明“丈人”才能获“吉”。六爻分别展示用兵的各方面要旨:初六极言严明军纪的必要,九二揭明主帅成功的条件,六三陈述失利败绩的教训,六四指出撤兵退守的情状,六五申言“君主”择将的标准,上六体现论功行赏的法则。胡炳文曰:“六爻中,出师驻师、将兵将将、伐罪赏功,靡所不载。其终始节次严矣。”(《周易本义通释》)从卦中所揭示的用兵要旨看,《师》卦堪称为一部古代兵法的总纲;若从全卦所反映的用兵须“正”的原则看,又可视为作《易》者战争思想的提要。荀子曰:“彼兵者,所以禁暴除害也,非争夺也”,“此四帝、二王皆以仁义之兵行于天下也”(《荀子·议兵》)。马振彪论此卦曰:“天下归德谓之王,王者之师有征无战。‘东征西怨,南征北怨’,民望之如云霓,从之如归市,所谓‘能以众正’,乃可王也。”(《周易学说》)此论似已道出《师》卦蕴含的早期军事思想的核心所在。

比卦第八

䷇ 比①：吉②。原筮，元永贞，无咎③。不宁方来，后夫凶④。

【注释】① 比：卦名，下坤(☷)上坎(☵)。读 bì，《正义》、《本义》分别释为"相亲比"、"亲辅"。 ② 吉：物能互相亲密比辅，故获吉祥。 ③ 原筮，元永贞，无咎：原筮，《正义》："原穷其情，筮决其意"。元，善之长，指所比者有尊长之德；永，久也；贞，正也。这三句说明"比辅"之前，须慎重考虑，在"原情筮意"的基础上决定"亲比"的对象；而所亲比者又必须有尊长之德，永久不变、守持正固，则可获"无咎"。 ④ 不宁方来，后夫凶：宁，安乐；方，犹言"多方"；来，指前来比辅；后，迟也；夫，语气词。这两句是就下者、远者对上者、尊者的"比辅"而言，说明时当"亲比"，四方"不宁"者纷纷来归；来者又以速为宜，迟缓则"比"之难成、必有凶险。

【译文】《比》卦象征亲密比辅：吉祥。原穷真情、筮决挚意，(相互亲密比辅于)有德君长而永久不渝地守持正固，必无咎害。不获安宁者多方前来比辅，缓缓来迟者有凶险。

《彖》曰：比，吉也；比，辅也，下顺从也①。"原筮，元永贞，无咎"，以刚中也②。"不宁方来"，上下应也③；"后夫凶"，其道穷也④。

【注释】① 下顺从也：指在下群阴顺从于九五，此句合前文并释卦名及卦辞"比，吉"。 ② 以刚中也：此句以九五刚健居中，成"比"道之至美，释卦辞"原筮，元永贞，无咎"。 ③ 上下应也：上，指九五；下，指初、二、三、四诸爻。此句以九五与下四阴相比应，释卦辞"不宁方来"。④ 其道穷也：此句以上六处卦终而"亲比"道穷，释卦辞"后夫凶"。

【译文】《彖传》说：亲密比辅，必有吉祥；"比"，是亲辅的意思，譬如在下者都能顺从亲辅于上。"原穷真情、筮决挚意，(相互亲密比辅于)有德君长而永久不渝地守持正固，必无咎害"，说明有德君长刚健居中。"不得安宁者多方前来比辅"，说明上者与下者相互应合；"缓缓来迟者有凶险"，说明迟缓必使亲密比辅之道穷尽。

《象》曰：地上有水，比①；先王以建万国，亲诸侯②。

【注释】① 地上有水，比：释《比》卦上坎为水、下坤为地之象。② 建万国，亲诸侯：这是说明"先王"效法《比》象，建国封侯以相亲比。

【译文】《象传》说：地上布满水(水和地相亲无间)，象征"亲密比辅"；先代君王因此封建万国，亲近诸侯。

初六，有孚比之，无咎①；有孚盈缶，终来有它，吉②。

【注释】① 有孚比之，无咎：比之，指初比五。此谓初六当"亲比"之时，本有失位之咎，但能以诚信上比九五，故获"无咎"；而初最远五，本在九五所应范围之外，但此时五下比之德广施，故"荒外"亦能"比之"。② 有孚盈缶，终来有它，吉：缶，音 fǒu，大肚小口的瓦器，"盈缶"喻九五信德充盈天下；来，使动用法，犹言"使来归"，指初归五；有它，指五应及他爻。这三句说明九五信德如"盈缶"广施，使"荒远"似初者也终来归附，五也下应亲抚他方，上下亲比，故获吉祥。

【译文】初六,心怀诚信、亲密比辅于君主,免遭咎害;君主的诚信如美酒充盈酒缸,终于使远者来归而广应亲抚于他方,吉祥。

《象》曰:《比》之初六,有它吉也。

【译文】《象传》说:《比》卦的初六爻,说明此时九五广应于他方、必获吉祥。

六二,比之自内,贞吉①。

【注释】① 比之自内,贞吉:内,内部。此指六二居内卦,上应外卦的九五,柔顺中正,故获吉祥。

【译文】六二,从内部亲密比辅于君主,守持正固可获吉祥。

《象》曰:"比之自内",不自失也。

【译文】《象传》说:从内部亲密比辅于君主,说明六二不曾自失正道。

六三,比之匪人①。

【注释】① 比之匪人:匪,通"非"。六三失位盲动,上无所应,所比者为二、四之阴,未得阳刚之主,故有"比之匪人"之象。

【译文】六三,亲密比辅于行为不正当的人。

《象》曰:"比之匪人",不亦伤乎?

【译文】《象传》说:"亲密比辅于行为不正当的人",岂不是可悲的事?

六四,外比之,贞吉①。

【注释】① 外比之,贞吉:指六四居外卦上承九五,柔顺得正,亲比"尊主",故获"贞吉"。

【译文】六四,在外亲密比辅于君主,守持正固可获吉祥。

《象》曰:外比于贤,以从上也。

【译文】《象传》说:在外亲密比辅于贤君,说明六四顺从于尊上。

九五,显比①;王用三驱,失前禽,邑人不诫,吉②。

【注释】① 显比:显,明也,此处含"光明无私"之义。 ② 王用三驱,失前禽,邑人不诫,吉:三驱,三方驱围,指田猎;禽,泛称禽兽;邑人,此处犹言九五的"属下"。前两句是用古代天子田猎,三方驱围、仅张一面之网,让愿者入网、不愿者走离,比喻九五与人亲比能顺其自然而无私,再申上文"显比"之义;邑人不诫,则说明九五的"属下"也喻知"失前禽"之义,不相警备,进一步映衬九五"比"道至美,故为吉祥。

【译文】九五,光明无私而广获亲比;君王田猎时三方驱围、网张一面,听任前方的禽兽走失,属下邑人也不相警备,吉祥。

《象》曰:"显比"之吉,位正中也;舍逆取顺,失前禽也;邑人不诫,上使中也。

【译文】《象传》说:"光明无私而广获亲比"的吉祥,说明九五居位刚正适中;舍弃违逆取其顺从,正如"听任前方的禽兽走失";"属下邑人也不相警备",这是君上使下属保持中道。

上六，比之无首，凶①。

【注释】① 比之无首，凶：无首，即不领先。上六柔居卦终，欲比于人却迟迟后来，“比”道遂穷，故有凶险。此即卦辞“后夫凶”之义。

【译文】上六，亲密比辅于人却不领先居首，有凶险。

《象》曰：“比之无首”，无所终也。

【译文】《象传》说：“亲密比辅于人却不领先居首”，说明上六终将无所归附。

【总论】《比》卦的要义，主于上下、彼此之间“亲密比辅”的道理。卦辞先总称能“比”必“吉”，又分叙“比道”的三大要素：一、选择比辅的对象必须慎重，即“原”情“筮”意而后比；二、应当比辅于有德长者，永守正道；三、亲比之时，宜速不宜缓。卦中六爻，九五阳刚居尊，为被人比辅之象；余五爻阴柔分居上下卦，均为比辅于人之象。其中初六、六二、六四不失“比道”，各能获吉；六三亲比不得其人，上六居后无所比附，并失“比道”，或不利、或“凶”。就六爻间的联系看，其大旨在于：不论“比”于人，还是被人“比”，均当正而不邪、顺而不逆、明而不晦。事实上这是涉及人与人关系的一个具有普遍意义的问题，其中尤为重要的是主、从关系的处理。九五所以能为一卦“尊主”，正是基于“大公无私”、以“信”亲下的原因，遂获众人争相比辅。程颐称其“众所亲附，而上亦亲下”（《程传》）：实是体现着“尊卑”关系至为融洽的象征。当然，作《易》者设立《比》卦的思想宗旨，或是偏向于为维护、稳固“上层统治”着想，《彖传》所谓“比，辅也，下顺从也”，已揭出这一微旨。荀子云：“六马不和，则造父不能以致远；士民不亲附，则汤、武不能以必胜也。”（《荀子·议兵》）亦与下顺从之义相合。

小畜卦第九

☴☰ 小畜[①]：亨[②]；密云不雨，自我西郊[③]。

【注释】① 小畜：卦名，下乾(☰)上巽(☴)，象征“小有畜聚”。② 亨：物能以小畜大，以下济上，则有益于刚大者之行，故可亨通。就卦象看，指六四所畜唯小，又能以柔济刚，故“刚中而志行，乃亨”。 ③ 密云不雨，自我西郊：西，古人以为象征“阴方”；我，卦中以阴为主，故称我。这两句说明以阴畜阳，所畜不能盛大；犹如阴气先从阴方升起，聚阳甚微，未足以和阳成雨，故有“密云不雨”象。

【译文】《小畜》卦象征小有畜聚：亨通；浓云密布却不降雨，云气的升起来自我方西邑郊外。

《彖》曰：“小畜”，柔得位而上下应之[①]，曰小畜。健而巽，刚中而志行[②]，乃亨。“密云不雨”，尚往也[③]；“自我西郊”，施未行也[④]。

【注释】① 柔得位而上下应之：柔指六四；上下，指卦中五阳。此句以六四阴柔得位、有应于上下诸阳，释卦名“小畜”。 ② 健而巽，刚中而志行：健，指下卦乾；巽，逊顺，指上卦巽；刚中，指九二、九五。这两句举上下卦象及二、五爻象，说明“小畜”之时，上下强健逊顺，阳刚居中、其志能行，故得亨通。此释卦辞“亨”义。 ③ 尚往：指阳气犹在上行，犹言阴气畜阳不足，故未成雨。此释卦辞“密云不雨”。 ④ 施未行：指阴阳交和之功方施而未畅行，犹言“小畜”不能成大。此释卦辞“自我西郊”。

【译文】《彖传》说：“小有畜聚”，譬如柔顺者得其位而上下阳刚与之相应，所以称“小有畜聚”。又如上下健强而又逊顺，阳刚居中而志向可以施行，因此获得亨通。“浓云密布却不降雨”，说明阳气畜聚未足犹上行离去；“云气的升起来自我方西邑郊外”，说明阴阳交和之功方施却未畅行。

《象》曰：风行天上，“小畜”①；君子以懿文德②。

【注释】① 风行天上，小畜：释《小畜》卦上巽为风、下乾为天之象；风飘行天上，微畜而未下行，故为“小畜”之象。 ② 懿文德：懿，音 yì，指德行美好，此处用如动词，犹言“修美”。这是说明“君子”效法“小畜”之义，以修美文章道德。

【译文】《象传》说：和风飘行天上（微畜未发），象征“小有畜聚”；君子因此修美文章道德以待时。

初九，复自道，何其咎？吉①。

【注释】① 复自道，何其咎？吉：复自道，犹言“自复其道”。此谓初九以阳居《小畜》之始，上应六四，有“被畜”之象；但初质尚弱，被畜必危，遂知几自复阳道，故无咎获吉。

【译文】初九，复返自身阳刚之道，哪有什么咎害呢？吉祥。

《象》曰：“复自道”，其义吉也①。

【注释】① 其义吉：义，犹“宜”，即不悖理。

【译文】《象传》说：“复返自身阳刚之道”，说明初九行为合宜可获吉祥。

九二，牵复，吉①。

【注释】① 牵复，吉：牵，牵连。此言九二以阳居《小畜》下卦之中，本欲上行以畜于六四，因初九所“牵”亦“复”，故与之并“吉”。

【译文】九二，被牵连复返阳刚之道，吉祥。

《象》曰：牵复在中，亦不自失也①。

【注释】① 不自失：指九二不失阳德。

【译文】《象传》说：被牵连复返阳刚之道、居守中位，说明九二也能不自失阳德。

九三，舆说辐，夫妻反目①。

【注释】① 舆说辐，夫妻反目：说，通“脱”；辐，车轮中直木。脱辐，皆谓车不能行。此谓九三居《小畜》下卦之终，刚亢躁动，比近六四，受其所畜，两者遂成“舆辐”、“夫妻”的关系；但四乘三，三受其制，终致冲突而“说辐”、“反目”。

【译文】九三，车轮辐条散脱解体，结发夫妻反目离异。

《象》曰：夫妻反目，不能正室也①。

【注释】① 正室：正，作动词，犹言“规正”；室，妻室。

【译文】《象传》说：“夫妻反目离异”，说明九三不能规正妻室。

六四，有孚①；血去惕出，无咎②。

【注释】① 有孚：指九五刚健孚信于四，而四为《小畜》卦主，上承五阳，因此小有畜聚。 ② 血去惕出，无咎：血，《释文》引马融曰：“当作恤，忧也。”这两句紧承前文，说明九五既下施孚信，六四柔正相承，“畜阳”有道，因此脱离忧惧，无所危害。

【译文】六四，阳刚施予诚信；于是离去忧恤、脱出惕惧，就必无咎害。

《象》曰："有孚惕出"，上合志也①。

【注释】① 上合志：指四上承九五。

【译文】《象传》说："阳刚施予诚信、于是脱出惕惧"，说明六四与阳刚尊上意志相合。

九五，有孚挛如①，富以其邻②。

【注释】① 有孚挛如：挛，音 luán，牵系、连接，如，语气助词。此句说明九五以诚信之德牵系下三阳共信六四，蔚成"柔得正而上下应之"的"小畜"盛况。 ② 富以其邻：富，阳称富，此处作动词，犹言"增富"；邻，指六四。此句承上句意，说明九五不但牵系诸阳共信于四，且以阳刚增富之，即《象传》所谓"不独富"之义。

【译文】九五，心怀诚信而牵系群阳共信一阴，用阳刚充实丰富近邻。

《象》曰："有孚挛如"，不独富也。

【译文】《象传》说："心怀诚信而牵系群阳共信一阴"，说明九五不独享自身的阳刚富实。

上九，既雨既处，尚德载①；妇贞厉，月几望②；君子征凶③。

【注释】① 既雨既处，尚德载：尚，即"上"，"尚德"指"阳德"；载，积载。

这两句说明上九阳居《小畜》之终,“小畜”穷极,化“不雨”为“既雨”,上之阳刚尽为六四之阴所畜,故有“已降雨”、“被畜止”、“阳德被积载”诸象。② 妇贞厉,月几望:妇,喻阴;贞厉,犹言“守正防危”;几,接近,“几望”即“月将圆”。这两句戒“阴”不可满盛,说明“小畜”之道宜“密云”、不宜“既雨”,故取妇人守正防危、当如月将圆不过盈为喻。 ③ 君子征凶:君子,喻阳;征,进也。这句戒“阳”不可沿着“小畜”穷极之道向前发展,若让阴气尽载阳德,必致危亡,故取君子进则遭凶为喻。

【译文】上九,密云已经降雨、阳刚已被畜止,至高极上的阳德被阴气积载;此时妇人必须守持正固以防危险,要像月亮将圆而不过盈;君子若往前进发必将遭凶。

《象》曰:“既雨既处”,德积载也;“君子征凶”,有所疑也①。

【注释】① 疑:通“凝”。此指“小畜”至极,阴气盛盈,上九若顺此以往,其阳必被阴气所凝聚统化,故“征凶”。

【译文】《象传》说:“密云已经降雨、阳刚已被畜止”,说明此时阳德被阴气积聚满载;“君子若往前进发必将遭凶”,说明往前将使阳质被阴气凝聚统化。

【总论】《小畜》卦旨,揭示事物发展过程中“小畜大”、“阴畜阳”的道理。就畜聚的主体看,是“小”者、“阴”者;就畜聚的程度看,是微小、不过甚。卦辞以“密云不雨”为喻,正是从这两方面指明卦义,强调“阴”只能在适宜的限度内畜聚“阳”,以略施济助为己任,形成浓云而不降雨的情状:这是“小有畜聚”的至美之道。换言之,阴聚阳而不制阳,犹如臣畜君而不损君,于是“小畜”可致“亨通”。李士鉁曰:“《孟子》曰:‘畜君何尤?畜君者,好君也。’臣能畜君,君能从臣,所以亨也。”(《周易学说》引)卦中五阳爻为被畜的对象，六四阴爻为畜阳的主体。下卦三阳不宜被六四所畜，在于阳质尚弱，被“畜”必被制，故初、二能返复、自畜阳刚获“吉”，三躁进被畜遂致“脱辐”、“反目”之灾；上九居“小畜”穷极之际，被“畜”必被损，故以凶设戒；唯九五阳刚中正，与六四如君臣相得，诚信相推，成为“畜”与“被畜”之间最完美的象征。可见，本卦虽以阴为主爻，其大旨还是以“扶阳”为根本归宿，体现了《周易》崇尚阳刚之德的思想。

履卦第十

☰☱ 〔履〕：履虎尾，不咥人，亨①。

【注释】① 履：卦名，下兑(☱)上乾(☰)，象征“小心行走”；咥，音 dié，犹言“咬”。这三句是借行走虎尾之后而不被伤，比喻人能“小心行走”，则虽危无害，可致亨通。从卦象看，下兑和悦，上乾刚健，六三以柔行于乾下，正有履危不见害而获亨之象。案，南宋冯椅《厚齐易学》谓《履》、《否》、《同人》诸卦旧脱卦名，此说可取，故在卦辞中增一“履”字为卦名，并加括号以别之。

【译文】〔《履》卦象征小心行走〕：小心行走在虎尾之后，猛虎不咬人，亨通。

《彖》曰：“履”，柔履刚也①，说而应乎乾②，是以“履虎尾，不咥人，亨”。刚中正，履帝位而不疚，光明也③。

【注释】① 柔履刚：柔，指六三；刚，指上乾为刚。这是用六三行于乾刚之后，说明《履》卦之义主于柔者履危，即卦辞所谓“履虎尾”。 ② 说而应乎乾：说，即“悦”，指下卦兑为悦；乾，健也，指上卦乾为健。这是说明六三居兑体之上，所应者为乾健，有以和悦应合强健之象；乾德刚正，六三应之，又有以和悦应正德之象，因此履虎尾不见咥而亨。 ③ 刚中正，履帝位而不疚，光明也：刚中正，指九五；帝位，亦指九五居“君位”；疚，疵病。

这三句举九五中正之象，赞“履”德之美。

【译文】《彖传》说：“小心行走”，犹如阴柔者小心行走在阳刚者之后，以和悦应合强健，所以说“小心行走在虎尾之后，猛虎不咬人，亨通”。又如阳刚居中守正者，小心践行“天子”之位而行为无所疵病，于是显现出道德光明。

《象》曰：上天下泽，“履”①；君子以辩上下，定民志②。

【注释】① 上天下泽，“履”：释《履》卦上乾为天、下兑为泽之象。② 辩上下，定民志：辩，通“辨”；定，定正，即规定端正之意。这是说明“君子”效法《履》象，辨定上下尊卑之礼，使人遵循践行。

【译文】《象传》说：上是天下是泽（尊卑有别），象征（循礼）“小心行走”；君子因此辨别上下名分，端正百姓循礼的意志。

初九，素履，往无咎①。

【注释】① 素履，往无咎：素，朴素。此谓初九处《履》之始，安守卑下朴素之礼；以此为“履”，所往必无咎。

【译文】初九，朴素无华、小心行走，有所前往必无咎害。

《象》曰：“素履之往”，独行愿也①。

【注释】① 独行愿：独，犹言“专心”。指初九无所杂念，专心循礼。

【译文】《象传》说：“朴素无华、小心行走而有所前往”，说明初九专心奉行循礼的意愿。

九二，履道坦坦，幽人贞吉①。

【注释】① 履道坦坦，幽人贞吉：幽人，幽静安恬者。此言九二以刚处

《履》下卦之中，犹如小心行走于平坦大道；而平路易于令人忘忽谨慎，故爻辞又诫以“幽人”守正可获吉祥。

【译文】九二，小心行走在平易坦坦的大道上，幽静安恬的人守持正固可获吉祥。

《象》曰：“幽人贞吉”，中不自乱也。

【译文】《象传》说：“幽静安恬的人守持正固可获吉祥”，说明九二不自我淆乱心中的循礼信念。

六三，眇能视，跛能履，履虎尾咥人，凶①；武人为于大君②。

【注释】① 眇能视，跛能履，履虎尾咥人，凶：眇，《说文》“一目小也”，此处言目盲；能，连词，犹“而”，含转折意。这几句比喻六三阴居阳位，不能“小心行走”却盲动妄为，故为“凶”象。 ② 武人为于大君：武人，即勇武之人，喻六三；为，有“效力”之义；大君，犹言“大人君主”，当指上九。此句从正面示诫，言六三倘能履归正道，将刚武之志效用于上九，则上下相应，无凶有吉。

【译文】六三，眼盲强看，脚跛强行，行走在虎尾之后被猛虎咬啮，有凶险；勇武的人要效力于大人君主。

《象》曰：“眇能视”，不足以有明也；“跛能履”，不足以与行也；“咥人之凶”，位不当也；“武人为于大君”，志刚也。

【译文】《象传》说：“眼盲强看”，不足以辨物分明；“脚跛强行”，不足以踏上征程；“猛虎咬人的凶险”，说明六三居位不适当;“勇武的人要效力于大人君主”,说明六三志向刚强。

九四,履虎尾,愬愬,终吉①。

【注释】① 履虎尾,愬愬,终吉:愬,音 suǒ,“愬愬”,恐惧貌,文中兼含“谨慎”之义。这是比喻九四居《履》上卦之始,不当位而近君,有“履虎尾”之危;但以阳居阴,又有谦谨之象,故能恐惧获吉。

【译文】九四,小心行走在虎尾之后,保持恐惧谨慎,终将获得吉祥。

《象》曰:“愬愬终吉”,志行也。

【译文】《象传》说:“保持恐惧谨慎,终将获得吉祥”,说明九四奉行小心循礼的志愿。

九五,夬履,贞厉①。

【注释】① 夬履,贞厉:夬,音 guài,通“决”。此谓九五阳刚中正,尊居“君位”,当“履”之时,有刚断果决、小心行走之象;但以刚居刚,若刚决过甚,必违正道,故爻辞又诫其“守正防危”。

【译文】九五,刚断果决、小心行走,守持正固以防危险。

《象》曰:“夬履贞厉”,位正当也。

【译文】《象传》说:“刚断果决、小心行走,守持正固以防危险”,说明九五居位正当。

上九,视履考祥①,其旋元吉②。

【注释】① 视履考祥:祥,征祥,即吉凶祸福的体现。此句说明上九处

《履》卦之终，阳居阴位，能冷静总结“履”道得失之征。 ② 其旋元吉：旋，转也，犹言“转身”。此句承前句意，说明上九尊居乾极，能转身下应兑三，为刚能返柔、履能守谨之象，故获吉至大。

【译文】上九，回顾小心行走的过程、考察祸福得失的征祥，转身下应阴柔至为吉祥。

《象》曰：元吉在上，大有庆也①。

【注释】① 大有庆：指上九之时“履道”大成，故上下皆有“福庆”。

【译文】《象传》说：至为吉祥、高居上位，说明上九大有福庆。

【总论】《履》卦取名于“小心行走”，譬喻处事必须循礼而行的道理。卦辞“履虎尾，不咥人”，即形象地揭示出小心行走、虽危无害的寓意。卦中六爻，根据不同的地位、性质，分别陈述处“履”的情状。初九居下守“素”，九二持中不乱，九四恐惧谨慎，九五循礼果决，上九“履道”大成，这五爻均以阳刚善处其身，行不违礼，故多“无咎”、“吉”、“元吉”；其中九五虽诫“危厉”，能“贞”则无害。唯六三阴柔躁进，有“履虎尾咥人”之“凶”，但也勉其改过归正，以避凶危。纵观全卦，多从正反两方面示警，尤以“危辞”设诫最深。胡炳文曰：“大抵人之涉世，多是危机，不为所伤，乃见所履。《大传》曰：‘《易》之兴也，其当文王与纣之事邪？是故其辞危。’危莫危于‘履虎尾’之辞矣！九卦处忧患，以《履》为首。”(《周易本义通释》)若就《彖传》“刚中正，履帝位而不疚”之语分析，本卦的象征意义，又含有对统治者规劝警诫之旨。《新序·杂事四》载：“孔子谓鲁哀公曰：‘丘闻之：“君者，舟也；人者，水也。水则载舟，水则覆舟。”君以此思危，则危将安，不至矣！夫执国之柄，履民之上，懔乎如以腐索御奔马。《易》曰“履虎尾”，《诗》曰“如履薄冰”：不亦危乎！’”可见，《履》卦所包含的象征旨趣，其意义十分广泛；这一点，事实上也是《周易》六十四卦的共同特征。

泰卦第十一

䷊ 泰[1]：小往大来，吉，亨[2]。

【注释】① 泰：卦名，下乾(☰)上坤(☷)，象征"通泰"。 ② 小往大来，吉，亨：小往，指阴爻居外卦；大来，指阳爻居内卦。这是就上下卦内乾外坤而言，谓"通泰"之时阳者盛而来，阴者衰而往，即《彖传》"君子道长，小人道消"之义，故"吉，亨"。

【译文】《泰》卦象征通泰：柔小者往外、刚大者来内，吉祥，亨通。

《彖》曰："泰，小往大来，吉，亨。"则是天地交而万物通也[1]，上下交而其志同也[2]。内阳而外阴，内健而外顺，内君子而外小人[3]：君子道长，小人道消也[4]。

【注释】① 天地交而万物通：天，指下乾；地，指上坤。此据上下卦象，说明天地阴阳交和、万物生养畅通之理。 ② 上下交而其志同：上，喻君；下，喻臣。此句合前句释卦名"泰"。 ③ 内阳而外阴，内健而外顺，内君子而外小人：内、外，指内卦、外卦；阳、健、君子，指三阳爻；阴、顺、小人，指三阴爻。此三句以阴阳爻的居位特点，释卦辞"小往大来"。 ④ 君子道长，小人道消：此总结前三句的喻意，并释卦辞"吉，亨"，说明"泰"之时阳息阴消，利于"君子"不利于"小人"。

【译文】《彖传》说:“通泰,柔小者往外、刚大者来内,吉祥,亨通。”这是表明天地阴阳交合、万物的生养之道畅通,君臣上下交合、人们的思想意识协同。此时阳者居内、阴者居外,刚健者居内、柔弱者居外,君子居内、小人居外: 于是君子之道盛昌,小人之道消亡。

《象》曰: 天地交,泰①;后以财成天地之道②,辅相天地之宜③,以左右民④。

【注释】① 天地交,泰: 释《泰》卦下乾为天、上坤为地之象。 ② 后以财成天地之道: 后,君;财,同裁,犹言裁节调理;天地之道,即天地相交之道。此谓“通泰”之时,必须善为裁节调理,不使滥“通”失节,才能成就“天地相交”之道。 ③ 辅相天地之宜: 相,读 xiàng,“辅相”犹言辅助赞勉,与前句“财成”对文;天地之宜,即天地化生之宜。此谓“通泰”之时,必须多加扶持,不断赞勉促进天地化生之宜。辞意含有不可因“泰”自逸的微旨。 ④ 以左右民: 左右,即“佐佑”,犹言“保佑”。此句合前两句,说明“君主”观《泰》卦之象,悟知处“泰”不可安逸无事,应当调节成就“天地之道”,辅助赞勉“天地之宜”,使上下交通、治国保民,才能长获“通泰”。

【译文】《象传》说: 天地交合,象征“通泰”;君主因此裁节促成天地交通之道,辅助赞勉天地化生之宜,以此保佑天下百姓。

初九,拔茅茹,以其汇;征吉①。

【注释】① 拔茅茹,以其汇;征吉: 茅,茅草;茹,根相牵引之状;汇,《释文》“类也”,谓同质汇聚。此以拔茅草其根相牵为喻,说明初九当“泰”之时,阳刚处下,与二、三两阳俱有外应而志在上行,故一阳动则三阳并动;以此进取,必能通达,故称“征吉”。

【译文】初九,拔起茅草、根系相牵,这是同质汇聚所致;往前进发可获吉祥。

《象》曰：拔茅征吉，志在外也[①]。

【注释】① 志在外：谓阳刚志在上进。

【译文】《象传》说："拔起茅草，往前进发可获吉祥"，说明初九的心志是向外进取。

九二，包荒[①]，用冯河，不遐遗[②]；朋亡[③]，得尚于中行[④]。

【注释】① 包荒：包，犹言"笼括"；荒，本亦作"巟"，大川。此以笼括大川，喻九二阳刚居中，胸怀广阔而能包容一切。 ② 用冯河，不遐遗：冯，音 píng，通"淜"，涉越。不遐遗，"不遗遐"的倒装。此承前句义，说明九二既有"包荒"之德，则可涉越长河，广纳远方贤者。 ③ 朋亡：朋，朋党；亡，即"无"。此谓九二道德光明，不结党营私。 ④ 得尚于中行：尚，佑助；中行，指六五居尊、行为持中。此句合前文诸句，说明九二以阳刚处《泰》下卦之中，有"包荒"、"冯河"、"不遐遗"、"朋亡"之象，上应六五柔中，犹如能用广阔无私的胸怀佑助行为持中的"君主"，治世以成"通泰"。

【译文】九二，有笼括大川似的胸怀，可以涉越长河，远方的贤者也无所遗弃；同时不结党营私，能够佑助行为持中的君主。

《象》曰："包荒"、"得尚于中行"，以光大也。

【译文】《象传》说："有笼括大川似的胸怀"、"能够佑助行为持中的君主"，说明九二的道德光明正大。

九三，无平不陂，无往不复[①]；艰贞无咎[②]，勿恤其孚，于食有福[③]。

【注释】① 无平不陂，无往不复：陂，音 pí，水旁或山旁倾陡之处。这两句以“平”变“陂”,“去”转“复”为喻,说明九三处内卦之终,为上下卦转折点,当防“通泰”转为“否闭”。 ② 艰贞无咎:此谓九三不可处泰忘忧,宜多戒惕。 ③ 勿恤其孚,于食有福:恤,忧;孚,信也,文中含“取信于人”之义;食,谓食享俸禄。这两句承前句之义而发,说明九三当此“通泰”可能转化之时,若知“艰”守“正”,不但“无咎”,而且可以“孚信”于人,长保俸禄。

【译文】九三,平地无不化险陂,去者无不重回复;能够牢记艰难、守持正固就可免遭咎害,不怕不取信于人,食享俸禄自有福庆。

《象》曰:“无往不复”,天地际也①。

【注释】① 天地际:际,边,畔。言九三处下乾终极,所应上六居上坤终极:两极各为天、地之际,寓有“泰”将转“否”的危险。

【译文】《象传》说:“去者无不重回复”,说明九三处在“天地”交接的边际。

六四,翩翩①,不富②,以其邻不戒以孚③。

【注释】① 翩翩:此处指相从下降之状。这句说明六四以阴居上卦之初,当“上下交泰”之时,与五、上两阴连翩下降求应于阳。 ② 不富:此处喻六四能虚怀下应初阳,即《学易记》所谓“上以谦虚接乎下”之意。③ 以其邻不戒以孚:前一“以”字,训与,后一“以”字为连词,犹“而”;邻,指五、上两阴。此句申发前两句之义,说明六四与近邻诸阴未曾诫告而均有下应阳刚的诚信心怀,故能不约而同、连翩并降。

【译文】六四,连翩下降,虚怀不有富实,与近邻未相告诫都心存诚信。

《象》曰:“翩翩不富”,皆失实也①;“不戒以孚”,中心愿也②。

【注释】① 失实：即爻辞“不富”之义。　② 中心愿：《折中》引俞琰曰：“愿者，上下交而其志同也。泰之时，上下不相疑忌，盖出自本心，故曰‘中心愿’也。”

【译文】《象传》说：“连翩下降，虚怀不有富实”，说明上卦阴爻都损去了殷实；“未相告诫都心存诚信”，说明阴爻内心均有应下的意愿。

六五，帝乙归妹①，以祉元吉②。

【注释】① 帝乙归妹：帝乙，商代帝王，《子夏传》、京房、荀爽以为即商汤，虞翻以为商纣王之父；归，女子出嫁之称。此句取古代帝女出嫁的故事为喻，说明六五阴居尊位，下应九二，犹如“帝乙”下嫁贵女以配贤者，正见上下交通之理。　② 以祉元吉：祉，福也，文中用如动词。此句说明五应二为“交泰”至美之象，故称“元吉”。《尚氏学》：“‘以祉元吉’者，言二升五，五来二(原注：来二即归)，各当其位，永为伉耦，故‘元吉’也。”

【译文】六五，帝乙嫁出少女，以此获得福泽、至为吉祥。

《象》曰：“以祉元吉”，中以行愿也。

【译文】《象传》说：“以此获得福泽、至为吉祥”，说明六五居中不偏以施行应下的心愿。

上六，城复于隍①；勿用师，自邑告命②，贞吝③。

【注释】① 城复于隍：复，通“覆”；隍，《集解》引虞翻曰：“城下沟，无水称‘隍’，有水称‘池’。”此句以城墙塌入城沟喻泰极否来。　② 勿用师，自邑告命：邑，通“挹”，犹言“减损”；告命，即“诰命”，指训诰政令，这两句说明上六当“泰”道转坏之时，居位尊高，不可兴师妄动，而要自我精简繁文、改革弊政,以求渡过危难时期。 ③ 贞吝：犹言"守正防吝"。此谓上六将临"否闭"之世,实因"时穷"所致,故希冀其自守正固,或可避凶免"吝";所谓"贞"者,即前文"勿用师,自邑告命"之旨。

【译文】上六,城墙倾覆到干涸的城沟里;不可出兵征战,自行减损典诰政令,守持正固以防憾惜。

《象》曰：城复于隍,其命乱也①。

【注释】① 其命乱：命,命运,犹言"发展趋向"。

【译文】《象传》说："城墙倾覆到干涸的城沟里",说明上六的发展趋向已经错乱转化。

【总论】事物对立面的交合、统一,往往是走向亨通的先决条件。《泰》卦,正是以上下交通、阴阳应合,阐明事物"通泰"之理。卦象天在下、地居上,《象传》谓"上下交而其志同",已明确喻示其义。曹丕论曰："夫阴阳交,万物成;君臣交,邦国治;士庶交,德行光。同忧乐,共富贵,而友道备矣。《易》曰：'上下交而其志同。'由是观之,'交'乃人伦之本务,王道之大义,非特士友之志也。"(《初学记》引《魏文帝集》)此说将物"交"而"泰"的道理,又作了进一步的推阐。《泰》卦六爻所示,无不见"交通"之旨。刘定之指出："六爻之中,相交之义重：初与四相交,泰之始也,故初言以其汇、如茅之连茹,四言以其邻、如鸟之连翩;二与五相交,泰之中也,故五言人君降其尊贵以任夫臣,二言大臣尽其职以答夫君;三与上交,泰之终也,故三言平变而为陂,上言城复而于隍。"(《折中》引)然而,六爻中诚意最深的,当属三、上两爻所体现"泰极否来"的哲理：九三是转化的苗头,以"无平不陂,无往不复"示警;上六是转化的终极,以"城复于隍"见义。《诗经·小雅·十月之交》曰："高岸为谷,深谷为陵",《论语·子路》谓："君子泰而不骄",似均可借以印证《泰》卦寓涵的"处泰虑否"的鉴戒意义。

否卦第十二

䷋ 〔否〕：否之匪人①，不利，君子贞②；大往小来③。

【注释】① 否：音 pǐ，卦名，下坤(☷)上乾(☰)，象征"否闭"；匪人，《正义》："否闭之世，非是人道交通之时。" ② 不利，君子贞：言天下不得其利，君子独能守正不苟合于"否"道。 ③ 大往小来：即阳往阴来，此处指上乾居外，犹"阳往"；下坤居内，犹"阴来"。

【译文】〔《否》卦象征否闭〕：否闭之世人道不通，天下无利，君子应当守持正固；此时刚大者往外、柔小者来内。

《彖》曰："否之匪人，不利，君子贞；大往小来。"则是天地不交而万物不通也①，上下不交而天下无邦也。内阴而外阳，内柔而外刚，内小人而外君子②：小人道长，君子道消也③。

【注释】① 天地不交而万物不通：此据上下卦象言，犹如天在上地在下互不交合，故万物的生养不得畅通。 ② 内阴而外阳，内柔而外刚，内小人而外君子：阴、柔、小人，指内卦坤；阳、刚、君子，指外卦乾。这三句说明"否闭"之时，"小人"塞于内，"君子"远于外，义与《泰》相反。 ③ 小人道长，君子道消也：这两句归结《彖传》大旨，说明卦辞之义主于"小人"

之道渐长，“君子”之道渐消。其中又隐含“君子”当戒防“小人”的意思。

【译文】《彖传》说：“否闭之世人道不通，天下无利，君子应当守持正固；此时刚大者往外、柔小者来内。”道是表明天地阴阳互不交合、万物的生养之道不得畅通，君臣上下互不交合、天下离异而不成邦国。阴者居内、阳者居外，柔顺者居内、刚健者居外，小人居内、君子居外。于是小人之道增长，君子之道消亡。

《象》曰：天地不交，“否”①，君子以俭德辟难，不可荣以禄②。

【注释】① 天地不交，“否”：释《否》卦上乾为天、下坤为地之象。② 俭德辟难，不可荣以禄：俭德，犹言“以俭为德”；辟，通“避”。这是用“君子”如何处身于“否”时，来抒发本卦的象征意义。

【译文】《象传》说：天地不相交合，象征“否闭”；君子因此以节俭为德、避开危难，不可追求荣华、谋取禄位。

初六，拔茅茹，以其汇①；贞吉，亨。

【注释】① 拔茅茹，以其汇：这两句取象与《泰》初九相同。但两爻喻义大殊：前者处“泰”之始，三阳在下同质相连并动，与上卦之阴应合，故称“征吉”；此爻处“否”之初，三阴在下同质相连而退，与上卦之阳本应而不应，故下文诫以“贞吉，亨”，即守持正固然后有吉、可亨。简言之，《泰》初之“汇”动在上进，《否》初之“汇”动在退处。

【译文】初六，拔起茅草、根系相牵，由于同质汇聚所致；守持正固可获吉祥，亨通。

《象》曰：“拔茅贞吉”，志在君也。

【译文】《象传》说：“拔起茅草根系相牵，守持正固可获吉祥”,说明初六守正不进的意志是为君主着想。

六二,包承,小人吉①;大人否,亨②。

【注释】① 包承,小人吉:包,包容,指二包容于五;承,顺承,指二承五。这是说明六二居《否》下卦之中,犹如以柔顺之道包容于九五,而奉承之,故有“小人吉”之象。 ② 大人否,亨:大人,喻九五;否,犹言“否定”。这两句是从正面告诫“大人”,说明应当否定小人之道,不与相包承,则可致亨。

【译文】六二,被包容并顺承尊者,小人获得吉祥;大人否定此道,可获亨通。

《象》曰:“大人否,亨”,不乱群也①。

【注释】① 不乱群:群,犹言“群小”。指九五不可应二,否则入小人之群,必致正邪淆乱。

【译文】《象传》说:“大人否定小人之道,可获亨通”,说明不能被小人的群党所乱。

六三,包羞①。

【注释】① 包羞:包,指三包容于上九;羞,羞辱。此言六三处《否》下卦之终,不中不正,但恃上所包容,怀谄奉承,妄作非为,终致羞辱。

【译文】六三,被包容为非、终致羞辱。

《象》曰:“包羞”,位不当也。

【译文】《象传》说:“被包容为非,终致羞辱”,说明六三居位不正当。

九四,有命无咎①,畴离祉②。

【注释】① 有命无咎:命,此处指扭转否道的“天命”,又兼含九五“君命”之意。此言九四处下卦进入上卦之初,“否”道将有扭转,奉“命”济“否”,故获“无咎”。 ② 畴离祉:畴,音 chóu,通“俦”,犹言“众类”,此处指下卦诸阴;离,附依;祉,福也。此句承前句之义,说明“否”道将转之时,群阴亦依附于“济否君子”而获福。

【译文】九四,奉行扭转否道的天命,无所咎害,众类相依附均获福祉。

《象》曰:有命无咎,志行也。

【译文】《象传》说:“奉行扭转否道的天命,无所咎害”,说明九四济否的志向正在施行。

九五,休否,大人吉①;其亡其亡,系于苞桑②。

【注释】① 休否,大人吉:休,作动词,犹言“休止”。此谓九五居尊为“君”,阳刚中正,当否世转泰之时,以休止天下否闭为己任,故称“大人吉”。 ② 其亡其亡,系于苞桑:苞,音 bāo,此处指“草木丛生”。此句诫九五之“君”要“心存将危乃得固”。

【译文】九五,休止否闭局面,大人可获吉祥;(心中时时自警:)将要灭亡、将要灭亡,就可以像系结于丛生的桑树一样(安然无恙)。

《象》曰:“大人之吉”,位正当也。

【译文】《象传》说:“大人的吉祥”,说明九五居位中正得当。

上九,倾否①;先否后喜②。

【注释】① 倾否：此谓上九居“否”道穷极之时，刚健勇猛，故能一举倾覆否闭局势。 ② 先否后喜：此谓“倾否”之际，虽仍有“否”，但最后彻底倾覆，天下通泰，故“先否后喜”。

【译文】上九，倾覆否闭局势；起先犹存否闭、最后通泰欣喜。

《象》曰：否终则倾，何可长也！

【译文】《象传》说：否闭终极必致倾覆，怎能保持久长呢！

【总论】物有“泰”，必有“否”，《杂卦传》曰：“《否》、《泰》反其类”，即表明两卦之义相互反对。《否》卦所明“否闭”之理，体现于事物对立面之间不相应和，即上下不交，阴阳不合。卦象天在上、地在下，《彖传》谓“上下不交而天下无邦”，已明确揭示其义。卦中六爻，下三爻就阴柔者“处否”而言，初六知时能退获“贞吉”，六二被包容顺承一时得“吉”、但为“大人”所不取，六三被包容为非、徒获羞辱，此主于警戒群阴守正勿进；上三爻就阳刚者“济否”而言，九四奉命扭转否道“无咎”，九五休止否道获“吉”，上六倾覆否道有“喜”，此主于嘉勉群阳用力行志。可见，“否”时虽万物闭塞不通，但“否极泰来”是事物发展的必然规律。因此，本卦的核心思想是教人当“否”之时，要有转“否”成“泰”的毅力与信念，并给人带来在“否闭”中走向“通泰”的期望。《周书·萧詧传》载后梁宣帝萧詧《愍时赋》曰：“望否极而云泰，何杳杳而无津”，正表露了处“否”求“泰”的焦虑心情。至于九五爻辞“其亡其亡，系于苞桑”所蕴含的“惧危能安”的哲理，又对后人产生过颇为深刻的影响。《潜夫论·思贤篇》曾就此发出一番议论：“老子曰：‘夫唯病病，是以不病。’《易》称：‘其亡其亡，系于苞桑。’是故养寿之士，先病服药；养世之君，先乱任贤。是以身常安而国脉永也。”

卷三

同人卦第十三

䷌ 〔同人〕：同人于野，亨①，利涉大川，利君子贞②。

【注释】①〔同人〕：同人于野，亨：同人，卦名，下离(☲)上乾(☰)，象征"和同于人"；野，原野。此谓与人和同必须处于广阔无私、光明磊落的境界，故特取"原野"喻"同人"之所；以此"同人"，前景必能畅通，故曰"亨"。 ② 利涉大川，利君子贞：这是进一步表明，能广泛和同于人，可以涉越险难；但"同人"不得为邪，故又强调利于"君子"守正。

【译文】〔《同人》卦象征和同于人〕：在宽阔的原野和同于人，亨通，利于涉越大河巨流，利于君子守持正固。

《彖》曰："同人"，柔得位得中而应乎乾①，曰同人。同人，曰"同人于野，亨，利涉大川"，乾行也②。文明以健，中正而应，君子正也③。唯君子为能通天下之志④。

【注释】① 柔得位得中而应乎乾：柔，指六二；乾，健也，指九五。此句以六二得位居中、与九五志同相应，释卦名“同人”之义。 ② 乾行：此释卦辞“同人于野，亨，利涉大川。”指六二固能以柔上应刚健，但刚健能下应阴柔则是“同人”的关键所在，故特称“乾行”。 ③ 文明以健，中正而应，君子正也：文明，指下离为火，如文德光明；健，指上乾；中正，指二、五位正居中。这三句以上下卦象及二、五爻象说明卦辞“利君子贞”的涵义。④ 唯君子为能通天下之志：此句归结全《彖》，进一步赞明卦辞“利君子贞”之义。

【译文】《彖传》说：和同于人，譬如柔顺者处得正位、守持中道又能上应刚健者，所以能够和同于人。和同于人，强调在宽阔的原野与人和同，可获亨通，利于涉越大河巨流，这是表明刚健者的求同心志在施行。禀性文明而又强健，行为中正而又互相应和，这是君子和同于人的纯正美德。只有君子才能会通统一天下民众的意志。

《象》曰：天与火，同人①；君子以类族辨物②。

【注释】① 天与火，同人：与，作动词，犹“亲”。这两句以天体在上、火性亦炎上，两相亲和，释《同人》上乾为天、下离为火之象。 ② 类族辨物：类，用如动词，犹言“类析”，与“辨”字义近互文；族，聚，意指人类“群体”。这是说明“君子”观《同人》天、火虽异，其性有同之象，悟知通过辨析人类、众物的异同特征，可以存其异求“和同”。

【译文】《象传》说：天、火相互亲和，象征“和同于人”；君子因此分析人类群体、辨别各种事物以审异求同。

初九，同人于门，无咎①。

【注释】① 同人于门，无咎：指初九以阳居初，处“同人”之始，不系应于上，有出门便广泛与人和同之象，故获“无咎”。

【译文】初九，刚出门口就能和同于人，必无咎害。

《象》曰：出门同人，又谁咎也！

【译文】《象传》说：刚出门口就能和同于人，又有谁会施加咎害呢！

六二，同人于宗，吝①。

【注释】① 同人于宗，吝：宗，犹言“宗族”。此谓六二与九五相应，犹如仅与亲近者和同，有“同人”褊狭之象，未免憾惜，故称“吝”。

【译文】六二，在宗族内部和同于人，有所憾惜。

《象》曰：“同人于宗”，吝道也。

【译文】《象传》说：“在宗族内部和同于人”，这是导致“憾惜”之道。

九三，伏戎于莽①，升其高陵，三岁不兴②。

【注释】① 伏戎于莽：戎，兵戎；莽，密生的草，犹言“草莽”。此句指九三以阳刚居下卦高位，比二不应于五，有据二强“同”、与九五相争之象，故“伏戎于莽”，俟机而作。 ② 升其高陵，三岁不兴：这两句紧承前文，说明九三虽频频窥视九五，却因力弱终不敢交争。

【译文】九三，潜伏兵戎在草莽间，登上高陵频频察看，三年也不敢兴兵交战。

《象》曰：“伏戎于莽”，敌刚也；“三岁不兴”，安行也①？

【注释】① 安行：安，疑问语气词；安行，犹言“安可行”。

【译文】《象传》说：“潜伏兵戎在草莽间”，说明九三前敌刚强；“三年也不敢兴兵交战”，怎敢冒然行进呢？

九四，乘其墉，弗克攻，吉①。

【注释】① 乘其墉，弗克攻，吉：墉，音 yōng，城墙；克，能也。此谓九四失位无应，本欲与九三争“同”于六二；但阳居阴位有能退之象，故以“不克攻”获“吉”。

【译文】九四，高据城墙之上，又自退不能进攻，吉祥。

《象》曰：“乘其墉”，义弗克也；其“吉”，则困而反则也。

【译文】《象传》说：“高据城墙之上”，说明六三在“和同于人”的意义上是不能发动进攻的；获得吉祥，是由于困陷不通时能够回头遵循正确的法则。

九五，同人，先号咷，而后笑，大师克相遇①。

【注释】① 先号咷，而后笑，大师克相遇：号咷，音 háo táo，叠韵联绵词，形容大声痛哭，又作“号啕”、“嚎啕”、“嚎咷”等；大师，大军；克，战胜。这三句说明九五阳刚中正、尊居“君位”，与六二同心相应，但因三、四为敌欲争，开初不能会合而“号咷”悲痛，直至克敌制胜之后才与六二“相遇”而“笑”。

【译文】九五，和同于人，起先痛哭号咷，后来欣喜欢笑，大军出战告捷、志同者相遇会合。

《象》曰：同人之先①，以中直也；大师相遇，言相克也。

【注释】① 同人之先：先，是“先号咷”的省略。

【译文】《象传》说：和同于人，起先痛哭号咷，说明九五中正诚直；大军出战才与志同者相遇会合，说明九五与敌对者交战获胜。

上九，同人于郊，无悔①。

【注释】① 同人于郊，无悔：此谓上九居卦终极，“同人”道穷，遂有处于荒外、难觅同志之象；但远避内争，超然自乐，也不觉悔恨。

【译文】上九，在荒远的郊外和同于人，未获同志也不觉悔恨。

《象》曰：“同人于郊”，志未得也。

【译文】《象传》说：“在荒远的郊外和同于人”，说明上九与人和同的志向未能实现。

【总论】《礼记·礼运》曰：“大道之行也，天下为公”，“故人不独亲其亲，不独子其子”，“是谓大同”。这显然是古人的一种美好理想。《同人》卦所发“和同于人”的意义，与这一理想的旨趣颇可相通。卦辞“同人于野”，就显露着“光明无私”的“同人”之道。然而，要实现“同人”愿望，却不是轻而易举的。卦中六爻展示了“同人”之时的各种曲折情状：初九刚出门即与人和同，仅获“无咎”；六二“同人”于宗族，所同褊狭，未免憾惜；九三、九四争相强“同”于人，违“中”失“正”，故前者徒劳无益，后者改过则吉；九五先遭危厄，后以刚正执中得遂“同人”之志；上九孤身远遁荒外，“同人”道穷。可见，《周易》作者毕竟正视现实，没有停留在抽象的理想境界,而是在“同”与“争”的尖锐矛盾中极力揭示出“同人”艰难的本质规律。尤其是三、四、五爻,以“兵戎”、“攻战”设喻,更见“同人”过程中矛盾激化的程度。王弼于此卦叹曰:“凡处‘同人’而不泰焉,则必用师矣”(《王注》);换言之,今日“和同”,往往是在昔日“争战”的“废墟”上建立起来的。不过,从正面的宗旨分析,本卦所追求的广泛“和同于人”的理想,在我国古代思想史上无疑具有一定的进步意义。

大有卦第十四

☲☰ 大有①：元亨②。

【注释】① 大有：卦名，下乾（☰）上离（☲），象征“大获所有”。
② 元亨：物获“大有”，必然至为亨通，故称“元亨”。

【译文】《大有》卦象征大获所有：至为亨通。

《彖》曰：“大有”，柔得尊位大中，而上下应之①，曰大有。其德刚健而文明，应乎天而时行②，是以元亨。

【注释】① 柔得尊位大中，而上下应之：柔，指六五；上下，指上下五阳爻。此以卦中一阴获五阳之应，释卦名“大有”之义。 ② 其德刚健而文明，应乎天而时行：刚健，指下乾为健；文明，指上离为火。此以上下卦象释卦辞“元亨”之义。

【译文】《彖传》说：“大获所有”，譬如阴柔者得居尊位、高大而能保持中道，上下阳刚纷纷相应，所以称“大获所有”。此时能够秉持刚健而又文明的美德，顺应天的规律、万事按时施行，这样前景必然至为亨通。

《象》曰：火在天上，“大有”①；君子以遏恶扬善，顺天休命②。

【注释】① 火在天上,“大有”:释《大有》卦上离为火、下乾为天之象。② 遏恶扬善,顺天休命:休,用如动词,犹言“休美”。这是说明“君子”观《大有》之象,悟知在所获众多之时,应当不忘止恶扬善,顺从“天意”、休美“物命”。

【译文】《象传》说:火焰高悬天上(无处不照),象征“大获所有”;君子因此在所获众多时遏止邪恶、倡扬善行,顺从“天”的意志、休美万物性命。

初九,无交害,匪咎①;艰则无咎②。

【注释】① 无交害,匪咎:交,犹言“交往”、“交接”。此谓初九处“大有”之始,以阳居下,与四无应,有与人不相交往之象,因此不惹祸患、不致咎害。 ② 艰则无咎:义与《泰》九三“艰贞无咎”略同(见该爻译注)。此处指初九当“大有”之时,虽“无交害,匪咎”,但还须牢记艰难,才能长保“无咎”。

【译文】初九,不交往不惹祸,自然不致咎害;但必须牢记艰难才能免遭咎害。

《象》曰:《大有》初九,无交害也。

【译文】《象传》说:《大有》卦的初九爻,说明初九不交往也就不惹祸害。

九二,大车以载,有攸往,无咎①。

【注释】① 大车以载,有攸往,无咎:这是比喻九二以阳刚处“大有”居中应五,有见信于“君”、任重道远之象,故所往必无咎。

【译文】九二,用大车运载财富,有所前往,必无咎害。

《象》曰:“大车以载”,积中不败也。

【译文】《象传》说:“用大车运载财富”,说明要装积在正中不偏之处才不致危败。

九三,公用亨于天子①,小人弗克②。

【注释】① 公用亨于天子:公,王公,喻九三;亨,通“享”,《左传》僖公二十五年引作“享”,犹言“朝献”,指古代诸侯向天子献礼致敬的仪式;天子,喻六五。此句说明九三处下卦之上,刚健居正,犹如“大有”之世的“王公”,故以“亨于天子”设喻。 ② 小人弗克:此句从反面设戒,言“小人”不能当此大任;意指九三必须修德守正,不可稍懈。

【译文】九三,王公向天子献礼致敬,小人不能担当大任。

《象》曰:公用亨于天子,小人害也。

【译文】《象传》说:王公向天子献礼致敬,要是小人当此大任必致祸害。

九四,匪其彭,无咎①。

【注释】① 匪其彭,无咎:彭,盛多之状。此谓九四以阳刚居上卦,“大有”渐盛;且阳处阴位,有不为过盛、谦恭顺承六五之象,故获“无咎”。

【译文】九四,富有不过盛,则无咎害。

《象》曰:“匪其彭无咎”,明辩哲①也。

【注释】① 明辩哲:辩,通“辨”;哲,音 zhé,明智。此句释九四“无咎”的原因。

【译文】《象传》说:“富有不过盛、则无咎害”,说明九四具有明辨事理、权衡自身处境的智慧。

六五，厥孚交如[①]，威如，吉[②]。

【注释】① 厥孚交如：厥，其也；如，语气助词（下句“如”同）。此谓六五柔居“君位”，以信交接上下众阳，为大获人心、富有至盛之象。 ② 威如，吉：此承前句之义，指六五以“诚”待物，其“威”自显，故获吉祥。

【译文】六五，用诚信交接上下，威严自显，吉祥。

《象》曰：“厥孚交如”，信以发志也；“威如之吉”，易而无备也。

【译文】《象传》说：“用诚信交接上下”，说明六五以己信启发他人的忠信之志；“威严自显的吉祥”，说明六五行为简易、无所防备（而人自敬畏）。

上九，自天祐之，吉无不利[①]。

【注释】① 自天祐之，吉无不利：此谓上九以阳刚之德居《大有》卦终，超然安处于“无位”之地，犹如获“天祐”长保富有，故“吉无不利”。

【译文】上九，从上天降下祐助，吉祥而无所不利。

《象》曰：《大有》上吉，自天祐也。

【译文】《象传》说：《大有》上九爻的吉祥，是从上天降下的祐助。

【总论】传说上古的舜帝曾造《南风》歌，发出“南风之时兮，可以阜吾民之财兮”的赞语（《孔子家语·辩乐解》引）；又撰《祠田》辞：“荷此长耜，耕彼南亩,四海俱有"(《文心雕龙·祝盟》引);战国时"道旁禳田者"也有"五谷蕃熟,穰穰满家"(《史记·滑稽列传》引)的祝词。可见,天下昌盛富有,是古人的一种普遍心愿。《大有》卦辞称"大有,元亨",正含盛赞"富有"之义。六爻所示,则是当"大获所有"之时,如何善处"大有"的道理。视诸爻情状:初,"富庶"之始,不滥交则"无咎";二有"车载斗量"之富,慎行中道也获"无咎";三富若"王公",恭敬献享于"天子"则有利;四虽富而能自抑,不为过盛必"无咎";五居"大有"之尊,诚信遍施上下获"吉";上谦顺安处,得"天祐"长保富有。显然,各爻情状虽不一致,但均主于妥善安保"富庶"。当然,卦旨并非仅仅示人居处"大有"之道。从上下象取"火在天上"及卦中六五喻"明君"、群阳喻"贤臣"的蕴义看,似又表露着"大有"之世的出现,与"政治昌明"的必然联系。杨万里指出:"六爻亨一、吉二、无咎三。明主在上,群贤毕集:无一败治之小人,无一害治之匪德。"(《诚斋易传》)此说正把"大有"视为"盛世明治"的直接体现:这一点,实为本卦象征大义的一个重要侧面。

谦卦第十五

䷎ 谦[1]：亨[2]，君子有终。

【注释】① 谦：卦名，下艮(☶)上坤(☷)，象征"谦虚"。 ② 亨：指谦虚待物，必致亨通。

【译文】《谦》卦象征谦虚：亨通，君子能够保持谦德至终。

《彖》曰：谦，亨。天道下济而光明[1]，地道卑而上行[2]。天道亏盈而益谦[3]，地道变盈而流谦[4]，鬼神害盈而福谦[5]，人道恶盈而好谦[6]。谦尊而光，卑而不可逾[7]：君子之终也[8]。

【注释】① 天道下济而光明：《正义》："下济者，谓降下济生万物；光明者，谓三光垂耀而显明也。" ② 地道卑而上行：此句合前句，以"天"、"地"之道均谦下而致"光明"、"上行"，释卦辞"谦，亨"之义。 ③ 天道亏盈而益谦：《集解》引崔憬曰："若日中则昃，月满则亏，损有余以补不足，天之道也。" ④ 地道变盈而流谦：流，流布，即流散盈满以广布于虚处，含"充实"之义。 ⑤ 鬼神害盈而福谦：此谓骄盈者为鬼神所害，谦恭者为鬼神所祐。 ⑥ 人道恶盈而好谦：《集解》引崔憬曰："满招损，谦受益，人之道也。"以上四句，泛举"天道"、"地道"、"鬼神"、"人道"为例，说明宇宙间的事理无不抑盈扬谦，进一步申明卦辞"谦，亨"之义。 ⑦ 谦尊而光，卑而不可逾：此谓谦虚者无论地位高低，均可受益。 ⑧ 君子之终：此句归结前两句之义，说明只有"君子"才能处尊、卑均不改其谦，并释卦辞"君子有终"。

【译文】《彖传》说：谦虚，亨通。譬如天的规律是下降济物而天体愈显光明，地的规律是低处卑微而地气源源上升。天的规律是亏损盈满、补益谦虚，地的规律是变易盈满、充实谦虚，鬼神的规律是危害盈满、施福谦虚，人类的规律是憎恶盈满、爱好谦虚。谦虚的人高居尊位、道德更加光明，下处卑位、人们也难以超越：只有君子能够保持谦德至终啊。

《象》曰：地中有山，谦①；君子以裒多益寡，称物平施②。

【注释】① 地中有山，谦：释《谦》卦上坤为地、下艮为山之象。② 裒多益寡，称物平施：裒，音 póu，取；称，读 chèng，犹言"权衡"。这是说明"君子"观《谦》卦之象，悟知事物不可盈满，故取多益寡、均平施物。

【译文】《象传》说：高山低藏在地中，象征"谦虚"；君子因此引取过多、补充不足，权衡各种事物、公平地施予。

初六，谦谦君子，用涉大川，吉①。

【注释】① 谦谦君子，用涉大川，吉：谦谦，犹言"谦而又谦"。此谓初六阴柔谦逊，低处下卦之下，有"谦谦"之象；以此涉难，所往必"吉"。

【译文】初六，谦而又谦的君子，可以涉越大河巨流，吉祥。

《象》曰："谦谦君子"，卑以自牧也①。

【注释】① 卑以自牧："牧"，犹今语"制约"。

【译文】《象传》说："谦而又谦的君子"，说明初六用谦卑来制约自己。

六二，鸣谦，贞吉①。

【注释】① 鸣谦，贞吉：鸣，指名声外闻。此谓六二柔顺居中，谦声外闻，以守正获吉。

【译文】六二，谦虚名声外闻，守持正固可获吉祥。

《象》曰："鸣谦贞吉"，中心得也①。

【注释】① 中心得：《周易口义》："言君子所作所为，皆得诸心，然后发之于外，则无不中于道也。故此谦谦皆由中心得之，以至于声闻流传于人，而获自正之吉也。"

【译文】《象传》说："谦虚名声外闻、守持正固可获吉祥"，说明六二靠中心纯正赢得名声。

九三，劳谦，君子有终，吉①。

【注释】① 劳谦，君子有终，吉：此谓九三为卦中唯一的阳爻，居下卦之终，以刚健承应于上，犹勤劳而又谦虚，故以"有终"获"吉"。

【译文】九三，勤劳谦虚，君子保持谦德至终，吉祥。

《象》曰：劳谦君子，万民服也①。

【注释】① 万民服：指九三居下卦高位，以"劳谦"服众。此即爻辞"有终，吉"之义。

【译文】《象传》说，勤劳谦虚的君子，广大百姓都服从他。

六四,无不利,㧑谦[①]。

【注释】① 无不利,㧑谦:㧑,音 huī,裂,引申为发挥。这两句说明六四处三之上、五之下,柔顺得正,无论对上对下,均能发挥"谦"德,故"无不利"。

【译文】六四,无所不利,发挥扩散谦虚的美德。

《象》曰:"无不利㧑谦",不违则也。

【译文】《象传》说:"无所不利、发挥扩散谦虚的美德",说明六四不违背谦虚的法则。

六五,不富[①],以其邻利用侵伐,无不利[②]。

【注释】① 不富:谓六五阴虚失实(参阅《泰》六四注),此处喻"虚怀谦逊"之义。 ② 以其邻利用侵伐,无不利:以,犹"与";邻,指四、上两爻。这两句说明六五柔中居尊,既能广泛施谦于下,又能协同居上者共伐骄逆,使"天下"尽归"谦"道;故爻辞先言"不富",再称"以其邻利用侵伐",如此则"无不利"。

【译文】六五,虚怀不有富实,与近邻一起都利于出征讨伐,无所不利。

《象》曰:"利用侵伐",征不服也。

【译文】《象传》说:"利于出征讨伐",说明六五是征伐骄横不顺者。

上六,鸣谦,利用行师、征邑国[①]。

【注释】① 鸣谦,利用行师、征邑国:邑,《说文》"国也";"邑国"《正义》释为“外旁国邑”，指较近之处。这两句说明上六居《谦》卦极位，有谦极而名声远闻之象(案，二、上均言“鸣谦”，上居高“鸣”于下，二处内“鸣”于外，两者特点不同)；以此“行师”讨逆，所征仅限于“邑国”，故所行必“利”。

【译文】上六，谦虚名声远闻，利于带兵作战、征讨相邻四方小国都邑。

《象》曰：“鸣谦”，志未得也①；“可用行师”，征邑国也。

【注释】① 志未得：上六位高谦极，足以感化众人；但毕竟还有骄逆不顺者，故其安定“天下”之志尚未完全实现。

【译文】《象传》说：上六“谦虚名声远闻”，是说其心志尚未完全实现；“可以带兵作战”，是说只征讨四旁都邑。

【总论】《尚书·大禹谟》称“满招损，谦受益”，自古以来被人奉为至理名言。《谦》卦大义，即主于赞扬“谦虚”美德。卦辞指出“谦，亨，君子有终”，正表明“谦”道美善可行。周公旦曾经借此告诫伯禽曰：“《易》有一道，大足以守天下，中足以守其国家，小足以守其身：谦之谓也。”(《韩诗外传》卷三引)全卦六爻，一一揭示行谦必益的道理：初六卑下“谦谦”，无往不吉；六二谦德广闻，中正获吉；九三勤劳谦虚，“有终”致吉；六四发挥其谦，无所不利；六五居尊行谦，亦“无不利”；上六谦极有闻，利于“行师”。胡一桂曰：“《谦》一卦六爻，下三爻皆吉而无凶，上三爻皆利而无害。《易》中吉利，罕有若是纯全者：谦之效故如此也。”(《周易本义附录纂疏》)然而，“谦”与“骄”又是相对立而并存的现象，欲使“天下归谦”，必当平“骄”去“逆”。五、上两爻有“侵伐”、“行师”之象，正见此义；《大象传》谓“裒多益寡，称物平施”，亦寓此旨。马振彪云：“君子以德服人，然有时亦不得不用兵”，“周公东征，四国是皇”；“其用行师，志虽未得，所以济谦德而妙其用,平天下之不平者一归于平,故五、上两爻言'征伐'也"(《周易学说》)。可见,《周易》作者在强调"谦"的思想的同时,还注意到排除"骄逆"的一面:这又是本卦辩证观念的体现。

豫卦第十六

䷏ 豫①：利建侯行师②。

【注释】① 豫：卦名，下坤(☷)上震(☳)，象征"欢乐"。 ② 利建侯行师：此谓众物欢乐之时，宜于"建侯"广施治理、"行师"讨逆安民。

【译文】《豫》卦象征欢乐：利于建立诸侯、出师征战。

《彖》曰：豫，刚应而志行①，顺以动②，豫。豫，顺以动，故天地如之③，而况建侯行师乎？天地以顺动，故日月不过，而四时不忒④；圣人以顺动，则刑罚清而民服。豫之时义大矣哉⑤。

【注释】① 刚应而志行：指卦中九四阳刚，与群阴相应而志行。② 顺以动：顺，指下坤；动，指上震。此谓上下卦象含"顺动"致"豫"之义。本句合前句并释卦名"豫"。 ③ 天地如之：此句以下，广举"天地之动"、"圣人之动"为例，说明万事万物均须"顺而动"才能成"豫"，进一步阐释卦名"豫"及卦辞"利建侯行师"之义。 ④ 忒：音 tè，犹言"差错"。 ⑤ 豫之时义大矣哉：这是《彖传》作者对本卦含义深广的叹美之辞。

【译文】《彖传》说：欢乐，譬如阳刚者与阴柔相应而心志畅行，又能顺沿物性而动，就能导致欢乐。欢乐，既然是顺沿物性而动，那么，连天地的运行都像这样，何况建立诸侯、出师征战这些事呢？天地顺沿物性而动，所以日月周转不致过失，四季更替不出差错；圣人顺沿民情而动，于是运用刑罚清明、百姓纷纷服从。“欢乐”之时包涵的意义多么宏大啊！

《象》曰：雷出地奋，豫①；先王以作乐崇德，殷荐之上帝，以配祖考②。

【注释】① 雷出地奋，豫：释《豫》卦上震为雷，下坤为地之象。② 先王以作乐崇德，殷荐之上帝，以配祖考：崇，推崇、褒扬；殷，盛也；荐，献也；之，介词，犹“之于”；上帝，犹言“天帝”，古人视为主宰万物的至高无上之神；配，古代祭祀中的“配飨”礼，此谓以祖先配飨上帝；祖考，即祖先。这三句说明“先王”观《豫》卦之象，悟知通过音乐的鼓动，来歌功颂德、献祀“上帝”、“祖考”。

【译文】《象传》说：雷声发出，大地振奋，象征“欢乐”；先代君王因此制作音乐、用来赞美功德，通过隆盛的典礼奉献给天帝，并让祖先的神灵配合共享。

初六，鸣豫，凶①。

【注释】① 鸣豫，凶：指初六阴居阳位，以失正之体上应九四，有沉溺于欢乐、自鸣得意之象，故“凶”。

【译文】初六，沉溺于欢乐自鸣得意，有凶险。

《象》曰：初六“鸣豫”，志穷凶也。

【译文】《象传》说：初六“欢乐过甚自鸣得意”，是说欢乐之志穷极导致凶险。

六二，介于石，不终日，贞吉①。

【注释】① 介于石，不终日，贞吉：介，耿介正直之状；于，介词，犹“如”。这两句比喻六二柔顺中正、耿介如石，当“豫”之时，能不苟且求豫，“不终日”即“知几”速悟“豫”理；如此守正必吉，故称“贞吉”。

【译文】六二，耿介如石，不等候一天终竟（就悟知欢乐必须适中的道理），守持正固可获吉祥。

《象》曰：“不终日贞吉”，以中正也。

【译文】《象传》说：六二爻辞“不等候一天终竟（就悟知欢乐必须适中的道理），守持正固可吉祥”，是因为居中持正。

六三，盱豫悔①；迟有悔②。

【注释】① 盱豫悔：盱，音 xū，《说文》谓“张目”，《王注》释为“睢盱”，《集解》引向秀曰：“睢盱，小人喜悦佞媚之貌也。”此句说明六三阴柔失正，上承九四，有媚上求乐之象，故将致“悔”。 ② 迟有悔：此句承前句义，谓六三若悔悟太迟必生新“悔”。

【译文】六三，媚眼悦上寻求欢乐，必致悔恨；要是悔悟太迟必将又生悔恨。

《象》曰：“盱豫有悔”，位不当也。

【译文】《象传》说：“媚眼悦上寻求欢乐，必致悔恨”，说明六三居位不正当。

九四，由豫，大有得①；勿疑，朋盍簪②。

【注释】① 由豫，大有得：由，自、从也，“由豫”犹言“由之以豫”，构词法与《颐》上九“由颐”同。此谓卦中群阴由九四之阳刚而获“豫”，故称“大有得”，即《象传》“刚应而志行”之义。 ② 勿疑，朋盍簪：朋，友朋，指卦中诸阴；盍，通“合”；簪，音 zān，古代用以括束头发的首饰。这两句说明九四刚直不疑，与群阴相应；并借用“盍簪”比喻阴阳友朋合聚，进一步申说前句“大有得”的涵义。

【译文】九四，人们依赖他获到欢乐，大有所得；刚直不疑，友朋像头发括束于簪子一样聚合相从。

《象》曰：“由豫大有得”，志大行也。

【译文】《象传》说：“人们依赖他获到欢乐，大有所得”，说明九四的阳刚志向大为施行。

六五，贞疾，恒不死①。

【注释】① 贞疾，恒不死：贞疾，犹言“守正防疾”。此喻六五处“欢乐”之世，柔居“君位”，下恃九四“强臣”，有沉乐忘忧之危，故诫其守正防疾，才能“恒不死”。

【译文】六五，守持正固防备疾病，必将长久康健不致灭亡。

《象》曰：六五“贞疾”，乘刚也；“恒不死”，中未亡也。

【译文】《象传》说：六五“(必须)守持正固防备疾病”，说明阴柔乘凌阳刚难免危患；“必将长久康健不致灭亡”，说明居中不偏就未必败亡。

上六，冥豫成，有渝无咎①。

【注释】① 冥豫成，有渝无咎：冥豫，犹言“昏冥纵乐”；渝，变也。此谓上六阴处《豫》极，为“冥豫”已“成”之象，故须速“渝”方可“无咎”。

【译文】上六，已形成昏冥纵乐的恶果，及早改正则无危害。

《象》曰：“冥豫”在上，何可长也？

【译文】《象传》说：“昏冥纵乐”居上位，这种欢乐怎能保持长久呢？

【总论】《豫》卦揭示“欢乐”所寓含的意义，强调处“乐”的两个要点：一、应当顺性而乐、适可而止，即《彖传》“顺以动”之义；二、必须与物同乐、广乐天下，即《彖传》“刚应而志行”之义。卦辞取“利建侯行师”为喻，其旨在于：顺天下之势而动，使天下同归安乐。《左传》襄公二十七年叙赵文子语曰：“乐而不荒，乐以安民”，正与《豫》卦大义有合。卦中六爻，九四一阳主于施乐，故全卦的“欢乐”由之而得；五阴主于处乐，故吉凶得失不同：初过乐自鸣得意致“凶”，三谄媚寻求欢乐“有悔”，五居尊不可沉乐忘忧，须守正防“疾”，上昏冥纵乐，不改必有“咎”，唯六二“中正”不苟豫获“吉”。可见，《豫》卦虽以“欢乐”为义，但处处戒人不得穷欢极乐。《礼记·曲礼上》谓“志不可满，乐不可极”；《孟子·告子下》称“生于忧患，死于安乐”；汉武帝《秋风辞》曰“欢乐极兮哀情多”（《乐府诗集》引《汉武帝故事》）：均含同类诫意。若进一层从事物矛盾的规律分析，“忧”、“乐”两端又是互为依存的；九四以广施欢乐为己任而“大有得”，实属作《易》者所表露的使万物去“忧”存“乐”的一种良好愿望。范仲淹抒发“先天下之忧而忧，后天下之乐而乐”（《岳阳楼记》）的情怀，近似于九四爻义，但反映的思想境界显然已远远高出前者。

随卦第十七

䷐ 随①：元亨，利贞，无咎②。

【注释】① 随：卦名，下震(☳)上兑(☱)。"随"字，《说文》："从也"；此卦下震上兑，含有内动外悦，人愿随从之义。　② 元亨，利贞，无咎：此谓物相随从之时，必至为亨通、利于守正，故无所咎害。

【译文】《随》卦象征随从：至为亨通，利于守持正固，这样必无咎害。

《彖》曰：随，刚来而下柔，动而说①。随，大亨，贞无咎，而天下随时②。随时之义大矣哉！

【注释】① 刚来而下柔，动而说：刚、动，指下震；柔、说，指上兑。此以上下卦象释卦名"随"之义。　② 天下随时：此句举天下万物随从于合宜的时机之例，释卦辞"元亨，利贞，无咎"，并引起下文"随时之义大"的叹美。

【译文】《彖传》说：随从，譬如阳刚者前来谦居于阴柔之下，有所行动必然使人欣悦而物相随从。随从，大为亨通，守持正固必无咎害，于是天下万物都相互随从于适宜的时机。随从于适宜时机的意义多么宏大啊！

《象》曰：泽中有雷，随[1]；君子以嚮晦入宴息[2]。

【注释】① 泽中有雷，随：释《随》卦上兑为泽、下震为雷之象。② 嚮晦入宴息：嚮，通“向”，“嚮晦”犹言“向晚”；宴，安也，“宴息”即“休息”之意。这是说明“君子”观《随》卦之象，悟知凡事“随时”的道理，故早出晚入、于向晚按时休息。

【译文】《象传》说：大泽中响着雷声（泽随雷动），象征“随从”；君子因此随着作息规律在向晚时入室休息。

初九，官有渝，贞吉；出门交有功[1]。

【注释】① 官有渝，贞吉；出门交有功：官，犹今言“思想观念”；渝，变也，此处有改善之义。这三句说明初九当“随”之时，刚居柔下，无所系应，为能变渝其心、随时从正之象，故“贞”而获“吉”，出门交有功。

【译文】初九，思想观念随时改善，守持正固可获吉祥；出门与人交往必能成功。

《象》曰：“官有渝”，从正吉也；“出门交有功”，不失也。

【译文】《象传》说：“思想观念随时改善”，说明初九随从正道可获吉祥；“出门与人交往必能成功”，说明行为不致过失。

六二，系小子，失丈夫[1]。

【注释】① 系小子，失丈夫：系，系属，犹言“倾心附从”；小子，喻初九；丈夫，喻九五。此谓六二柔居下卦，本与九五相应，却就近附从初九，故有从正不专、“系”小“失”大之象。

【译文】六二，倾心附从小子，失去阳刚丈夫。

《象》曰:"系小子",弗兼与也。

【译文】《象传》说:"倾心附从小子",说明六二不能同时多方获取亲好。

六三,系丈夫,失小子①;随有求得,利居贞②。

【注释】① 系丈夫,失小子:丈夫,喻九四;小子,喻初九。此谓六三近承九四,因往随从,故失去初九。 ② 随有求得,利居贞:此承前文义,说明三、四两爻均无正应,互比相亲,故三随四、有求必得:但又告诫六三不可妄求,宜于安居守正。

【译文】六三,倾心附从阳刚丈夫,失去在下小子;随从于人有求必得,利于安居、守持正固。

《象》曰:"系丈夫",志舍下也。

【译文】《象传》说:"倾心附从阳刚丈夫",说明六三的意志是舍弃在下小子。

九四,随有获①,贞凶②;有孚在道,以明,何咎③!

【注释】① 随有获:指九四被六三随从而"有获"。 ② 贞凶:犹言"守正防凶"。此谓九四阳居阴位,近"君"而擅为人从,有"违正"之象,应当趋正常守,谨防凶险,故戒以"贞凶"。 ③ 有孚在道,以明,何咎:明,用如动词,犹言"显明美德"。这三句从正面勉励九四以诚信体现正道,显明美德,必将无所咎害。

【译文】九四,被人随从、多有所获,守持正固以防凶险;只要心怀诚信、合乎正道,立身光明磊落,又有什么咎害呢!

《象》曰:“随有获”,其义凶也;“有孚在道”,明功也。

【译文】《象传》说:“被人随从、多有所获”,从九四所处地位这一意义看是有凶险;“心怀诚信、合乎正道”,这是九四光明磊落品德的功效。

九五,孚于嘉,吉①。

【注释】① 孚于嘉,吉:嘉,美善。此谓九五阳刚居尊,中正诚信,有从善如流之象,故能孚信善者而获“吉”。

【译文】九五,广施诚信给美善者,吉祥。

《象》曰:“孚于嘉吉”,位正中也。

【译文】《象传》说:“广施诚信给美善者,吉祥”,说明九五的位置正中不偏。

上六,拘系之,乃从,维之①;王用亨于西山②。

【注释】① 拘系之,乃从,维之:拘,拘禁;系,义与二、三爻“系小子”、“系丈夫”之“系”同,此处谓强迫使之“附从”;维,以绳捆绑。这是说明上六以阴居“随”之极,极则反,有不愿随从、被九五拘禁乃从之象。 ② 王用亨于西山:王,喻九五;亨,通“享”,指古代出师设祭之礼;西山,王弼以为“西”为上兑之方、“山”喻险阻。此句承前文之义,取“王者”设祭西山、兴师讨逆为象,比喻九五强令上六顺服、随从。

【译文】上六,拘禁强令附从,这才顺服相随,再用绳索拴紧;君王兴师讨逆、在西山设祭。

《象》曰:“拘系之”,上穷也。

【译文】《象传》说："拘禁强令附从"，说明上六居位极上、随从之道穷尽。

【总论】孔子说："三人行，必有我师焉；择其善者而从之，其不善者而改之。"（《论语·述而》）充分反映这位古代伟大思想家、教育家虚心向善的美德。《随》卦所发"随从"之义，正是集中体现"从善"的宗旨。卦辞"元亨，利贞"，高度赞美"随从"之道；"无咎"，又强调以"正"相随则无害的观点。六爻喻义，以初、五最为美好：初九处下守正，迁善不已；九五居尊中正，竭诚向善——因此这两爻展示了本卦以"善"为"随"的象征主体，均获吉祥。至于二、三、四、上诸爻，或有失有得，或守正可以化"凶"为"无咎"，或受强制才能从正：各见不同的处"随"情状，但所发诚意，皆不离"正"字。可见，《随》卦义理中蕴含着一项鲜明而含义广泛的"相随"原则：不论是人与人关系中的上随下、下随上，己随人、人随己，还是日常生活中的朝作晚息、遇事随时，均当不违正道，诚心从善。此中明显表露《周易》作者处世、修身的哲学观念。《孟子·公孙丑下》盛赞"七十子之服孔子"，正与本卦大旨相合，成为古人极力肯定的"从善"典范。

蛊卦第十八

䷑ 蛊①：元亨，利涉大川②；先甲三日，后甲三日③。

【注释】① 蛊：音 gǔ，卦名，下巽(☴)上艮(☶)，象征“拯弊治乱”。② 元亨，利涉大川：此谓事物弊乱之时，能努力合理拯治必致“元亨”，故利于涉险济难。 ③ 先甲三日，后甲三日：甲，“天干”数之首，其序为甲、乙、丙、丁、戊、己、庚、辛、壬、癸；在此十数中，“甲”寓有“终而复始”的涵义，故取“甲日”作为“转化”弊乱、重为治理的象征，即《彖传》“终则有始”之旨。这两句言先后“甲”三日，语多省略，大意指预先深虑“治蛊”前的事状，详为辨析，引为鉴戒；再推求“治蛊”后必将出现的事态，制定措施，谨慎治理：这样，才能根治蛊乱，获得“元亨”的前景。

【译文】《蛊》卦象征拯弊治乱：至为亨通，利于涉越大河巨流；应当预先思虑象征“终始转化”的“甲”日前三天的事状，然后推求“甲”日后三天的治理措施。

《彖》曰：蛊，刚上而柔下，巽而止蛊①。蛊，元亨而天下治也②。“利涉大川”，往有事也③。“先甲三日，后甲三日”，终则有始，天行也④。

【注释】① 刚上而柔下，巽而止蛊：刚、止，指上艮阳卦、义为止；柔、巽,指下巽阴卦、义为驯顺;蛊,蛊害,犹言"弊乱"。此举上下象释卦名"蛊",谓刚柔兼济、巽入止邪,则可以治"蛊"。 ② 天下治:此释卦辞"元亨"之义。 ③ 往有事:此释卦辞"利涉大川"。 ④ 终则有始,天行也:天,犹言"大自然"。此以自然界事物的发展,体现终始往复的规律,释卦辞"先甲三日,后甲三日",谓拯治弊乱当鉴前戒后。

【译文】《彖传》说:拯弊治乱,譬如阳刚居上而阴柔处下,当物情驯顺之时就能抑止弊乱。拯弊治乱,至为亨通,于是复见天下大治。"利于涉越大河巨流",说明努力往前可以大有作为。"预先思虑(象征"终始转化"的)'甲'日前三天的事状,然后推求'甲'日后三天的治理措施",说明事物总是终结前事之后又开始新的发展,这是大自然的运行规律。

《象》曰:山下有风,蛊①;君子以振民育德②。

【注释】① 山下有风,蛊:释《蛊》卦上艮为山、下巽为风之象。 ② 振民育德:振,《说文》"举救之也",《释文》"济也"。这是说明"君子"观《蛊》卦之象,悟知当"蛊"之时,必须济民育德,努力救弊。

【译文】《象传》说:山下吹来大风(物坏待治),象征"拯弊治乱";君子因此振济百姓、培育道德。

初六,干父之蛊①,有子考②,无咎,厉终吉③。

【注释】① 干父之蛊:干,犹言"匡正";蛊,蛊害,指"弊乱"。此句说明初六当治"蛊"有事之时,柔处卑位,上承二、三之阳,有子正父弊之象。 ② 有子考:考,《广韵》"成也",用如动词,犹言"成就"。 ③ 无咎,厉终吉:此总结前文意,谓初以卑下匡正尊上之弊,意在成就先辈德业,故"无咎",虽"厉"亦获"终吉"。

【译文】初六,匡正父辈的弊乱,儿子能够成就先业,必无咎害，即使危险但最终必获吉祥。

《象》曰："干父之蛊"，意承考也①。

【注释】① 意承考：考，与爻辞"考"之义同，此处作名词用。

【译文】《象传》说："匡正父辈的弊乱"，说明初六的意愿在于继承前辈的成就。

九二，干母之蛊，不可贞①。

【注释】① 不可贞：犹言"时不可则守正以待"，此语组构与《否》卦辞"不利，君子贞"相似。此谓九二阳处阴位，有刚而能柔之象；犹如匡正"母"弊，当其性阴辟不从之时，不能强行"干蛊"，而应守正待时。此即《象传》"得中道"之义。

【译文】九二，匡正母辈的弊乱，情势难行时不可强行而要守持正固以待时。

《象》曰："干母之蛊"，得中道也。

【译文】《象传》说："匡正母辈的弊乱"，说明九二应当掌握刚柔适中的方法。

九三，干父之蛊，小有悔，无大咎①。

【注释】① 小有悔，无大咎：此谓九三当"蛊"之时，匡正父弊而无上应，故"小有悔"；但阳刚居正，直道遽行，故"无大咎"。

【译文】九三，匡正父辈的弊乱，稍有悔恨，但没有重大咎害。

《象》曰："干父之蛊"，终无咎也。

【译文】《象传》说:"匡正父辈的弊乱",说明九三最终不会有咎害。

六四,裕父之蛊,往见吝①。

【注释】① 裕父之蛊,往见吝:裕,宽裕,指"治蛊"宽缓不急。此谓六四阴柔懦弱,又居阴位,对"父"弊不能速治,宽延顺容,故长此以往必"见吝"。

【译文】六四,宽裕不急地缓治父辈的弊乱,这样往前发展必然出现憾惜。

《象》曰:"裕父之蛊",往未得也。

【译文】《象传》说:"宽裕不急地缓治父辈的弊乱",是说六四这样往前发展难以获得治弊之道。

六五,干父之蛊,用誉①。

【注释】① 用誉:誉,受人称誉。此谓六五柔居尊位,应二承上,犹如匡正"父"弊有道,故获称誉。

【译文】六五,匡正父辈的弊乱,备受称誉。

《象》曰:"干父用誉",承以德也①。

【注释】① 承以德:即"以德承"的倒装。

【译文】《象传》说:"匡正父辈的弊乱而受称誉",说明六五用美德来继承先业。

上九,不事王侯,高尚其事①。

【注释】① 不事王侯，高尚其事：前一“事”为动词，犹言“从事”；后一“事”为名词，犹言“行为”。此谓上九居《蛊》卦之终，“治蛊”道穷，故不累于“王侯”之事，超然物外，以高洁自守。

【译文】上九，不从事王侯的事业，把自己逍遥物外的行为看得至高无上。

《象》曰：“不事王侯”，志可则也。

【译文】《象传》说：“不从事王侯的事业”，说明上九的高洁志向值得效法。

【总论】《蛊》卦的大义，主于除弊治乱。卦辞既指明此时利于涉难、至为亨通的前景，又用“先甲”、“后甲”喻示鉴前戒后、谨始慎终的“治蛊”之道。卦中六爻，初、三、四、五诸爻均以匡正父弊设喻：初六志承“先业”、虽危“终吉”，九三刚直遽行、终“无大咎”，六四柔弱不争、久必“见吝”，六五柔中寓刚、备受称誉；唯九二以匡正母弊为喻，戒其因势利导、慎守“中道”；而上九独居“治蛊”穷厄之时，则以远避在外、“不事王侯”为宜。若细加探寻诸爻取象于“子正父蛊”的蕴义，似又可看出作者意识到“弊乱”往往是积久而成的，甚或延续一代、两代人，终至酿成大患。苏轼曾经就这一问题分析说：“器久不用而蛊生之，谓之‘蛊’；人久宴溺而疾生之，谓之‘蛊’；天下久安无为而弊生之，谓之‘蛊’。”“蛊之灾非一日之故也，必世而后见，故爻皆以‘父子’言之。”(《东坡易传》)当然，各爻所示，均是提出在特定条件下治蛊的可行之道；至于拯治弊乱的根本措施，《大象传》从“救世”的角度阐发“振民育德”之义，似属古人汲取历史和现实的教训而总结出的一条“政治理论”。

临卦第十九

䷒ 临[1]：元亨，利贞[2]；至于八月有凶[3]。

【注释】① 临：卦名，下兑(☱)上坤(☷)，象征"监视临察"。 ② 元亨，利贞：此谓以德临人必然至为亨通，利于守正。 ③ 至于八月有凶：此句以时令为喻，说明"监临"盛极必有衰落的危险。《礼记·月令》仲秋之月云："是月也，杀气浸盛，阳气日衰。"故谓"八月有凶"。

【译文】《临》卦象征监临：至为亨通，利于守持正固；但是到了(阳气日衰的)八月将有凶险。

《彖》曰："临"，刚浸而长，说而顺，刚中而应[1]。大亨以正，天之道也[2]；"至于八月有凶"，消不久也[3]。

【注释】① 刚浸而长，说而顺，刚中而应：前一"刚"指初、二两爻，后句"刚中"指九二；浸，渐也；说，即"悦"，指下兑；顺，指上坤；应，谓二应五。此举初、二爻象及上下卦象释卦名"临"之义，说明以"德"临人之时的盛美情状。 ② 大亨以正，天之道也：此释卦辞"元亨，利贞"，谓"监临"之时至通而又长守正固，则可不违"天道"。 ③ 消不久也：此释卦辞"至于八月有凶"，谓"临"道盛极必穷，即明"阴阳消长"的必然规律。

【译文】《彖传》说："监临"，说明此时阳刚正气日渐增长，临人者和悦温顺，刚健者居中而上下相应。获得至大亨通又要守持正固,这才顺合大自然的规律;“到了(阳气日衰的)八月将有凶险”,那是因为接近消亡、好景不能长久。

《象》曰:泽上有地,临①;君子以教思无穷,容保民无疆②。

【注释】① 泽上有地,临:释《临》卦下兑为泽、上坤为地之象。② 教思无穷,容保民无疆:教、思,均作动词,犹言“施行教导”、“费尽思虑”。这是说明“君子”观《临》卦之象,悟知临民之时,应当花费无穷之思教导百姓,并以无疆之德容民保民。

【译文】《象传》说:水泽上有大地,象征“监临”;君子因此花费无穷的思虑教导百姓,发扬无边的美德容纳养育民众。

初九,咸临,贞吉①。

【注释】① 咸临,贞吉:咸,通“感”,犹言“感应”。此谓初九当“临”之始,阳刚处下,上应六四,犹如下者感应于尊者而施监临,故以守正获吉。

【译文】初九,感应于尊者而施行监临,守持正固可获吉祥。

《象》曰:“咸临贞吉”,志行正也。

【译文】《象传》说:“感应于尊者而施行监临、守持正固可获吉祥”,说明初九的心志行为端正不阿。

九二,咸临,吉无不利①。

【注释】① 咸临,吉无不利:此谓九二处《临》下卦之中,上应六五,也具“咸临”之象;因其又含“中”德,较初九之阳更见盛美,故“吉无不利”。

【译文】九二,感应于尊者而施行监临,吉祥无所不利。

《象》曰："咸临吉无不利"，未顺命也[①]。

【注释】① 未顺命：未，似含"并非由于"之意。此谓二与六五相感以临人，并非由于顺承君命。

【译文】《象传》说："感应于尊者而施行监临、吉祥无所不利"，说明九二并非由于顺从君命。

六三，甘临，无攸利[①]；既忧之，无咎[②]。

【注释】① 甘临，无攸利：甘，指甜美巧佞的言辞。此谓六三居《临》下兑之上，阴柔失正，犹以言辞巧佞临人，故"无攸利"。 ② 既忧之，无咎：此从正面设诫，谓六三若能自知不正，心有忧惧而改过，则可"无咎"。

【译文】六三，靠巧言佞语监临于众，无所利益；要是已经忧惧自己的过失而改正，就不致咎害。

《象》曰："甘临"，位不当也；"既忧之"，咎不长也。

【译文】《象传》说："靠巧言佞语监临于众"，说明六三居位不正当；"已经忧惧自己的过失而改正"，说明咎害不会久长。

六四，至临，无咎[①]。

【注释】① 至临，无咎：至，极也，文中犹言"十分亲近"。此言六四居上卦之始，柔正应初，切近下体，犹亲近于所临之众，故获"无咎"。

【译文】六四，极为亲近地监临众人，必无咎害。

《象》曰："至临无咎"，位当也。

【译文】《象传》说："极为亲近地监临众人，必无咎害"，说明六四居位正当。

六五，知临，大君之宜，吉①。

【注释】① 知临，大君之宜，吉：知，即“智”。此谓六五居《临》尊位，以柔处中，下应九二，犹如任用刚健大臣、辅己“君临”天下，正见明智，故称“大君之宜，吉”。

【译文】六五，聪慧明智地监临众人，大人君主应当这样，吉祥。

《象》曰：大君之宜，行中之谓也。

【译文】《象传》说：“大人君主应当这样”，说明六五必须奉行中道。

上六，敦临，吉，无咎①。

【注释】① 敦临，吉，无咎：敦，敦厚。此谓上六居《临》之极，以阴处“无位”之地，不为刚猛，犹如以敦厚仁惠之德临人，故获“吉，无咎”。

【译文】上六，温柔敦厚地监临众人，吉祥，必无咎害。

《象》曰：“敦临之吉”，志在内也①。

【注释】① 志在内：犹言“志在邦国”，谓上六非高处“虚位”，不理“内事”者。

【译文】《象传》说：“温柔敦厚地监临于众而可获吉祥”，说明上六的心志系于邦国天下。

【总论】“临”字的特定意义，可视为“统治”的代名词。《临》卦所谓“监临”，正是侧重揭示上统治下、尊统治卑、君主统治臣民的道理。卦辞以“至为亨通，利于守正”赞美“监临”之道；又以“至于八月有凶”为喻，发盛极必衰之诫，以期“临人”者预防盈满，长久临众。六爻之中，两阳处下而刚健之德浸长，能“感应”于尊者以施监临，故或“贞吉”，或“吉，无不利”；四阴皆居上临下，情状各异：三以巧佞临人“无攸利”，四以亲近临人“无咎”，五以“大君”之“明智”临人获“吉”，上以温柔敦厚临人获“吉，无咎”。综观诸爻义理，可以看出本卦的两方面旨趋：其一，“临人”除了必须根据不同的地位、条件采取不同的方式外，还要求在下者当以刚美感应于上，居上者当以柔美施惠于下，此与《尚书·洪范》“沈潜刚克，高明柔克”之义略可相通。其二，凡处“临人”之时，只要善居其位，必将多吉，故诸爻均不言“凶”；其中六三虽“无攸利”，但若能自惧改过，也获“无咎”。可见，本卦的核心思想是为“临人”、“治人”者着想。至于《大象传》所发“教思无穷，容保民无疆”的意义，似又流露出统治者在“治人”的同时重视“教育”的作用；从历史的角度考察，这一点实可借以印证古代教育与政治的密切联系。

观卦第二十

䷓ 观①：盥而不荐②，有孚颙若③。

【注释】① 观：卦名，下坤(☷)上巽(☴)，象征“观仰”。 ② 盥而不荐：盥，音 guàn，古代祭祀宗庙时用香酒浇灌地面以降神之礼；荐，献也，祭祀中向神献飨之礼。此句“盥”、“荐”之前均省略一“观”字，意即“观盥不观荐”。文辞取祭祀典礼为喻，说明“观仰”之旨应取最庄严可观者；故当祭祀宗庙之时，须观初始盛美的降神礼，其后的献飨礼则可略而不观。 ③ 有孚颙若：颙，音 yóng，敬也；若，语气助词。此句承前句之义，说明观仰“盥”礼，可以使人产生诚信、肃敬之心；即言观仰过程中的感化作用。

【译文】《观》卦象征观仰：当你观仰了祭祀开始时倾酒灌地的降神仪式，就可以不观后面的献飨细节，因为心中已经充满了诚敬肃穆的情绪。

《彖》曰：大观在上，顺而巽，中正以观天下①。“观，盥而不荐，有孚颙若”，下观而化也②。观天之神道③，而四时不忒；圣人以神道设教，而天下服矣。

【注释】① 大观在上，顺而巽，中正以观天下：大观、中正，指九五阳刚居中得正；顺，指下坤；巽，指上巽。这是举九五爻象及上下卦象释卦名“观”之义，说明美盛的道德足以让“天下”观仰。 ② 下观而化：此句释卦辞"观,盥而不荐,有孚颙若",说明"观仰"的目的是为了使"天下"顺从美好的教化。 ③ 观天之神道:神道,犹言"神妙的自然规律"。此下四句又举大自然神妙规律之可观,及"圣人"效法自然规律设教之可观,极言"观仰"之道的深刻意义。

【译文】《彖传》说:宏大壮观的气象总是呈现在崇高之处,譬如具备温顺和巽的美德,又具中和刚正之质就可以让天下人观仰。卦辞说"当你观仰了祭祀开始时倾酒灌地的降神仪式,就可以不观后面的献飨细节,心中已经充满了诚敬肃穆的情绪",是说在下者通过观仰能够领受美好的教化。观仰大自然运行的神妙规律,就能理解四季交转毫不差错的道理;圣人效法大自然的神妙规律设教于天下,天下万民于是纷纷顺服。

《象》曰:风行地上,观①;先王以省方观民设教②。

【注释】① 风行地上,观:释《观》卦上巽为风、下坤为地之象。② 省方观民设教:这是说明"先王"效法《观》卦"风行地上"之象,省视万方,示民以教,使百姓有所"观仰"而顺从教化。

【译文】《象传》说:和风吹行地上(万物广受感化),象征"观仰";先代君王因此省巡万方、观察民风、设布教化。

初六,童观,小人无咎,君子吝①。

【注释】① 童观,小人无咎,君子吝:此以"幼童"浅见为喻,说明初六处"观"之始,阴柔在下,远离九五刚正之"君",所观甚浅;故于不负重任的"小人"为"无咎",于有所作为的"君子"则难免"憾惜"。

【译文】初六,像幼童一样观仰景物,小人无所危害,君子必有憾惜。

《象》曰：初六“童观”，小人道也。

【译文】《象传》说：初六“像幼童一样观仰景物”，这是小人的浅见之道。

六二，阙观，利女贞①。

【注释】① 阙观，利女贞：阙，音 kuī，通“窥”，指暗中窃看。此谓六二虽得正上应九五，但阴柔处下守中，不能尽见大观之美，犹如身居户内、暗中“阙观”门外景物，故仅利于女子守正。爻辞的言外之意，谓男子如此则不利。

【译文】六二，暗中偷偷地观仰美盛景物，利于女子守持正固。

《象》曰：“阙观女贞”，亦可丑也。

【译文】《象传》说：“暗中偷偷地观仰美盛景物、女子可以守持正固”，对男子来说是可羞丑的。

六三，观我生，进退①。

【注释】① 观我生，进退：观，此处含有既观仰于外又自观于内之意；我生，犹言“自我行为”；进退，指相时慎择进退。这两句说明六三处“观”之时，虽与上九有应，渐近九五之“君”，但阴柔失正，其位“多惧”，故当观于外而修于内，相机审时，慎其进退。

【译文】六三，观仰阳刚美德并对照省察自己的行为，谨慎抉择进退。

《象》曰：“观我生进退”，未失道也。

【译文】《象传》说：“观仰阳刚美德并对照省察自己的行为、

谨慎抉择进退”，说明六三没有丧失正确的观仰之道。

六四，观国之光，利用宾于王①。

【注释】① 观国之光，利用宾于王：光，指国家大治而呈现的光辉景象；宾，用如动词，犹言“作宾”。此谓六四柔顺得正，亲比九五，犹如贤者观光于盛治之国，故称利于成为君王的座上宾，即言可以效用于贤君，其吉可知。

【译文】六四，观仰王朝的光辉盛治，利于成为君王的贵宾。

《象》曰：“观国之光”，尚宾也。

【译文】《象传》说：“观仰王朝的光辉盛治”，说明此时其国正礼尚宾贤。

九五，观我生，君子无咎①。

【注释】① 观我生，君子无咎：观我生，指既受人观仰又自观其道，义与六三有别。这两句说明九五阳刚中正，为《观》卦之主，犹如“贤君”以盛德为天下人所观仰，同时又能常常自我省察，不断美善其行，故称“君子无咎”。

【译文】九五，受人观仰并自我省察自己的行为，君子必无咎害。

《象》曰：“观我生”，观民也。

【译文】《象传》说：“受人观仰并自我省察自己的行为”，说明九五应当通过观察民风来自我审察。

上九,观其生,君子无咎①。

【注释】① 观其生,君子无咎:此谓上九阳刚居《观》之终,虽属虚高之位,但下者均在观仰其施为,故须有"君子"之德才能"无咎",其诫与九五同。

【译文】上九,人们都观仰他的行为,君子必无咎害。

《象》曰:"观其生",志未平也①。

【注释】① 志未平:平,犹言"安宁无为"。此言上九虽居不任事的"虚位",也得时时修美德行,不可安逸其志。

【译文】《象传》说:"人们都观仰他的行为",说明上九修美道德的心志未可安逸松懈。

【总论】春秋时吴国季札观乐于鲁,欣赏到《韶箾》舞蹈,深受感染,认为这是周朝"盛德"的高度体现,于是极力赞叹说:"观止矣!若有他乐,吾不敢请已!"(《左传》襄公二十九年)《观》卦大义,正是阐发"观仰"美盛事物可以感化人心的道理。卦辞取观仰祭祀为喻,说明观毕初始的盛礼,即使不观其后的细节,心中的"信敬"之情已经油然萌生。此中的喻义,实与季札"观止"之叹至相切合。卦中六爻,四阴主于自下观上:初、二离九五阳刚最远,或如幼童浅见,或如隔户窃观,均不能尽获"大观"之美;六三接近上卦,能观仰美德以自省察,未失其道;六四亲比九五,犹如亲临观光于"王朝"的盛治,获"作宾于王"之利,为尽见"大观"的象征。而五、上两阳,主于自上观下,既具阳刚美德让人观仰,又须自观其道、修美德行,故两者均发"君子无咎"的意旨。可见,本卦阴阳上下所寓涵的意义颇有区别。朱熹的学生曾经问道:"《观》六爻,一爻胜似一爻,岂所据之位愈高,则所见愈大耶?"朱子答云:"上二爻意自别,下四爻是所据之位愈近,则所见愈亲切的意思。"(《朱子语类》)当然,《观》卦揭示的"观仰"作用,除了强调"上"者以美德感化于"下"之外,还体现了观"民风"可以正"君道"的思想,这从五、上两爻“观民”自省、其志“未平”的义理中不难看出。《毛诗大序》说道：“上以风化下，下以风刺上，主文而谲谏，言之者无罪，闻之者足以戒，故曰‘风’。”此论虽是针对《诗经·国风》而发，但与《观》卦的象征意义甚有相通之处。

噬嗑卦第二十一

䷔ 噬嗑①：亨，利用狱②。

【注释】① 噬嗑：音 shìhé，卦名，下震（☳）上离（☲），象征"啮合"。此二字以口中啮（音 niè）物使合为喻，说明施用刑法之义。 ② 亨，利用狱：狱，犹言"刑法"。此谓事物当相间相隔之时，若能"啮合"则可亨通；犹如"刑法"可以除去间隔之物，故曰"利用狱"。

【译文】《噬嗑》卦象征啮合：亨通，利于施用刑法。

《彖》曰：颐中有物①，曰噬嗑。噬嗑而亨，刚柔分，动而明，雷电合而章②。柔得中而上行，虽不当位，利用狱也③。

【注释】① 颐中有物：颐，上下颚之间的总称，犹言"口腔"。此以口中有物，正可啮合，释卦名"噬嗑"之义。 ② 刚柔分，动而明，雷电合而章：刚、动、雷，均指下震；柔、明、电，均指上离。此举上下卦象，说明刚柔上下分处、交动而"噬嗑"之义明，雷电相随兴作、交合而"噬嗑"之理彰。文旨释卦辞"噬嗑，亨"，亦明"利用狱"之义。 ③ 柔得中而上行，虽不当位，利用狱也：柔，指六五。此谓六五柔中居尊，虽不当纯柔正位，却能刚柔相济，以释卦辞"利用狱"。

【译文】《彖传》说：口腔中有食物，可以啮合。啮合然后亨通，譬如刚柔上下先各分开，然后交相运动而啮合之义显明，就像震雷闪电交击互合而啮合之理昭彰。此时柔和者处得中道并能向上奋行，尽管不当纯柔之位（但正好刚柔兼济），所以利于施用刑法。

《象》曰：雷电，噬嗑①；先王以明罚敕法②。

【注释】① 雷电，噬嗑：释《噬嗑》卦下震为雷、上离为电之象，义与《彖传》"雷电合而章"同。 ② 明罚敕法：明，用如动词：敕，音 chì，通"勅"，犹言"正"。这是说明"先王"效法《噬嗑》之象，明其刑罚、正其法令，使天下合一。

【译文】《象传》说：雷电交击，象征"啮合"；先代君王因此严明刑罚、肃正法令。

初九，屦校灭趾，无咎①。

【注释】① 屦校灭趾，无咎：屦，音 jù，用如动词，犹言"足着"；校，木制刑具，此处指"脚桎"之类的木械；灭，《正义》释为"灭没"，犹言"伤灭"。此谓初九处"噬嗑"之始，犹如初触刑法，其过尚微，故仅受着足械、伤脚趾的小惩；因其质本阳刚，有受"小惩"而能"大诫"之象，不致重犯大过，故"无咎"。

【译文】初九，足着刑具而伤灭脚趾，不致咎害。

《象》曰："屦校灭趾"，不行也。

【译文】《象传》说："足着刑具而伤灭脚趾"，说明初九不至于再前行重犯过失。

六二，噬肤①，灭鼻，无咎②。

【注释】① 噬肤：噬，喻施用刑法；肤，柔脆之物，喻用刑顺利无碍。此言六二柔顺中正，当“噬嗑”之时，有施刑于人、顺当无阻之象。 ② 灭鼻，无咎：此谓六二以柔乘刚，用刑稍过，犹如对服罪者施用“灭鼻”的严刑；但所刑中其要害，故“无咎”。

【译文】六二，像咬啮柔脆的皮肤一样施刑顺利，即使伤灭犯人的鼻梁，也不致咎害。

《象》曰：“噬肤灭鼻”，乘刚也。

【译文】《象传》说：“像咬啮柔脆的皮肤一样施刑顺利、伤灭犯人的鼻梁”，说明六二乘凌于刚强者之上（必须用严刑服众）。

六三，噬腊肉，遇毒①；小吝，无咎②。

【注释】① 噬腊肉，遇毒：腊肉，干肉，喻施刑于不服者；毒，原指害草，此处如《正义》所云“苦恶之物”，以腊肉含有毒物，喻受刑者生怨。此谓六三居《噬嗑》下卦之上，为施刑于人之象，但阴柔失位，受刑者不服生怨，犹如咬啮腊肉而遇毒物。 ② 小吝，无咎：指六三顺承九四之阳，下不乘刚，其刑不施于正顺者；故虽失位“遇毒”，唯小有憾惜而已，不致咎害。

【译文】六三，像咬啮坚硬的腊肉，肉中又遇到毒物一样施刑不顺利；但这不过稍有憾惜，却不致咎害。

《象》曰：“遇毒”，位不当也。

【译文】《象传》说：“（咬啮腊肉时又）遇到毒物”，说明六三居位不妥当（以致受刑者生怨）。

九四，噬干胏[①]，得金矢；利艰贞，吉[②]。

【注释】① 噬干胏：胏，音 zǐ，带骨的肉脯。此谓九四阳刚失正不中，当“噬嗑”之时以此施刑于人亦难获顺利，故有咬啮“干胏”、触之遇骨之象。 ② 得金矢，利艰贞，吉：金矢，喻刚直。此言九四虽“噬干胏”而施刑不顺，但其禀性阳刚纯直，故利于在艰难中守正，则可获吉祥。

【译文】九四，像咬啮干硬带骨的肉一样施刑不顺利，但具备金质箭矢似的刚直气魄；利于在艰难中守持正固，吉祥。

《象》曰：“利艰贞吉”，未光也。

【译文】《象传》说：“利于在艰难中守持正固，可获吉祥”，说明九四的治狱之道尚未发扬光大。

六五，噬干肉[①]，得黄金；贞厉，无咎[②]。

【注释】① 噬干肉：干肉，干硬的肉脯，亦喻施刑于不服者。此谓六五处《噬嗑》尊位，但以阴居阳，施刑于人亦未能尽顺，故有“噬干肉”之象。 ② 得黄金；贞厉，无咎：黄，为中色；金，喻刚坚；贞厉，犹言“守正防危”。此言六五虽失正，但既居阳刚尊高之位，又处中和不偏之所，则其已具“刚中”气质，故以“得黄金”为喻；以此趋正长守，谨防危厉，必得“用狱”之道，故“无咎”。

【译文】六五，像咬啮干硬的肉脯一样施刑不甚顺利，但具备黄金似的刚坚中和的气魄；守持正固以防危险，可免咎害。

《象》曰：“贞厉无咎”，得当也[①]。

【注释】① 得当：当，犹“正”。谓得“用狱”之正。

【译文】《象传》说：“守持正固以防危险，可免遭咎害”，是说行为符合正当的治狱之道。

上九,何校灭耳,凶①。

【注释】① 何校灭耳,凶:何,通“荷”;校,此处指“木枷”之类的项械。此言上九以穷亢之阳居《噬嗑》之极,犹积恶不改,触犯刑法,被套上枷锁、伤灭耳朵,其凶至甚。

【译文】上九,肩荷刑具,遭受伤灭耳朵的重罚,有凶险。

《象》曰:“何校灭耳”,聪不明也。

【译文】《象传》说:“肩荷刑具,遭受伤灭耳朵的重罚”,说明上九积恶不改太不聪明了。

【总论】《噬嗑》卦以口中“啮合”食物为喻,阐发“施用刑法”之义。卦辞谓“亨,利用狱”,已经明示顺从正确的规律“治狱”可致亨通的卦旨。六爻之象,以初、上两阳喻触刑受罚,前者初犯能改获“无咎”,后者积罪深重致“凶”,均含深戒;二至五四爻,喻施刑于人,其中六二以柔乘刚,六三、六五阴处阳位,九四阳处阴位,均流露着刚柔相济的“治狱”之道。《折中》引李过曰:“五,君位也,为治狱之主;四,大臣位也,为治狱之卿;三、二,又其下也,为治狱之吏。”然而,四爻之位虽有高低之别,其“治狱”过程却普遍存在着“咎”、“吝”、“艰”、“厉”的情状,此中似乎表明《周易》作者深知“治狱”之艰难。朱熹指出:“大抵才是治人,彼必为敌,不是易事”,“须以艰难正固处之。”(《朱子语类》)至于最能体现全卦大义的,当属柔中居尊的六五:其“德”本于“文明”,犹如用刑期于无刑;其用立于刚严,犹如雷震奋发声威。《大象传》“明罚敕法”的义理,正见于此。马振彪认为:“圣世彰善瘅恶,明威并用,道在雷厉风行。水懦弱,民狎而玩之,故多死焉;火猛烈,民望而畏之,故鲜死焉。制刑之法,取火雷为象,盖有道矣。然以柔中为主,仍不失辟以止辟,刑期无刑之意。老子善用柔,经言‘民不畏死,奈何以死惧之?’盖得柔中之道矣。”(《周易学说》)此论深推“柔中”的寓意,颇能发显本卦哲理。

贲卦第二十二

䷕ 贲①：亨②，小利有攸往③。

【注释】① 贲：音 bì，卦名，下离（☲）上艮（☶），象征"文饰"。② 亨：此谓事物加以必要的文饰，可致亨通。 ③ 小利有攸往：小，阴称小，谓"柔小"。此言"文饰"之时，柔小者尤须加饰，可显其美，故"利有攸往"。卦中六五以上九为贲，则利于发展，正见此象。

【译文】《贲》卦象征文饰：亨通，柔小者利于有所前往。

《彖》曰：贲，亨，柔来而文刚①，故亨；分刚上而文柔②，故小利有攸往。天文也③；文明以止，人文也④。观乎天文，以察时变⑤；观乎人文，以化成天下⑥。

【注释】① 柔来而文刚：柔，指六二；刚，指九三。此释卦辞"亨"之义，谓六二来居下卦之中，以文饰九三，阴阳交贲故获亨通。 ② 分刚上而文柔：刚，指上九；柔，指六五。此释卦辞"小利有攸往"之义，谓上九高居卦终，六五因之获饰，故利有所往。 ③ 天文也：天文，天的文采，指日月星辰、阴阳变化等。 ④ 文明以止，人文也：文明，指下离为火，为日；止，指上艮为止；人文，人的文采，指"文章""礼义"等。此举上下卦象，说明人类的文饰表现在"文明"而能止于礼义。义与前句"天文"相对。 ⑤ 观乎天文，以察时变：此谓观察大自然的文饰情状，可知四季变迁规律。 ⑥ 观乎人文,以化成天下:此谓观察人类的文饰情状,可以教化天下、促成大治。

【译文】《彖传》说:文饰,亨通,譬如阴柔前来文饰阳刚,阴阳交饰于是亨通;又分出阳刚居上文饰阴柔,所以柔小者利于有所前往。(刚美和柔美交相错杂,)这是天的文采;文章灿明止于礼义,这是人类的文采。观察天的文采,可以知晓四季转变的规律;观察人类的文采,可以推行教化促成天下昌明。

《象》曰:山下有火,贲①;君子以明庶政,无敢折狱②。

【注释】① 山下有火,贲:释《贲》卦上艮为山、下离为火之象。② 明庶政,无敢折狱:这是说明“君子”观《贲》卦之象,悟知当以“文明”理政,但不可以“文饰”断狱。

【译文】《象传》说:山下燃耀着火焰(山形焕彩),象征“文饰”;君子因此修美显明众多的政务,但不敢靠文饰处理讼狱。

初九,贲其趾,舍车而徒①。

【注释】① 贲其趾,舍车而徒:徒,徒步行走。此言初九当“贲”之始,位卑处下,不敢贪求华饰,故自贲其趾,喻饰所当饰;而舍车安步,则喻弃所不当饰。此即“贲不失礼”之义。

【译文】初九,文饰自身的足趾,舍弃大车而甘于徒步行走。

《象》曰:“舍车而徒”,义弗乘也。

【译文】《象传》说:“舍弃大车而甘于徒步行走”,说明初九就所处地位这一意义来说是不应该乘坐大车。

六二，贲其须①。

【注释】① 贲其须：须，面上的须毛，喻六二所上承的九三。此谓六二处下卦之中，与九三均得位无应而两相亲比，故二专意承三，犹文饰三之美须，于是阴阳互贲、相得益彰。此即“贲得其所”之义。

【译文】六二，文饰尊者的美须。

《象》曰：“贲其须”，与上兴也①。

【注释】① 与上兴：上，指九三；兴，起也。

【译文】《象传》说：“文饰尊者的美须”，说明六二与九三同心而兴起互为文饰。

九三，贲如，濡如，永贞吉①。

【注释】① 贲如，濡如，永贞吉：如，语气词；濡，润泽，用如动词，喻三与二互施润泽、相亲相贲。此谓九三下比六二，两者既相贲饰，又相施润，故有“贲如，濡如”之象；但此时不可因贲忘忧，故又诫其“永贞”则吉。

【译文】九三，文饰得那样俊美，与人频频相施惠泽，永久守持正固可获吉祥。

《象》曰：“永贞之吉”，终莫之陵也。

【译文】《象传》说：“永久守持正固可获吉祥”，说明九三能做到这样就始终不会受人凌侮。

六四，贲如，皤如，白马翰如①；匪寇，婚媾②。

【注释】① 贲如，皤如，白马翰如：皤，音 pó，《集解》：“亦白，素之貌也”；翰，《释文》引郑玄曰：“白也。”此谓六四居上卦之初，“贲”道已变，其饰尚素,故取“皤”、“白”、“翰”为喻;而柔正得位,下应初九,宜于速往相应互贲,故有“白马”奔驰之象。 ② 匪寇,婚媾:指初九虽体阳刚,却非强寇,实为六四相应之配偶。“匪寇”之辞,正因四处“多惧”之位而发,意在勉其勿疑,速往应初。

【译文】六四,文饰得那样淡美,全身是那样素白,坐下白马又是那样纯洁无杂;前方并非强寇,而是聘求婚配的佳偶。

《象》曰:六四当位,疑也①;“匪寇婚媾”,终无尤也。

【注释】① 六四当位,疑也:谓六四虽当位得正,但心仍疑惧,不敢速往应初,故特以“匪寇婚媾”勉之。

【译文】《象传》说:六四当位得正,但心中仍怀疑惧;“前方并非强寇而是聘求婚配的佳偶”,说明六四尽管前往终将无所怨尤。

六五,贲于丘园,束帛戋戋①;吝,终吉②。

【注释】① 贲于丘园,束帛戋戋:丘园,山丘园圃,喻朴素自然,指上九远处卦极;束帛,一束丝帛,喻微薄无华之物。此谓六五居《贲》尊位,柔中无华,饰尚朴素,虽无下应却能亲比于远处卦终的阳刚,故有贲饰于“丘园”之象,犹如持微薄的“束帛”礼聘“贤士”,共相辅治,以成“贲”道之至美。 ② 吝,终吉:这是指六五“贲”道虽美,下无应与,故不免含“吝”;但能持中行事,上与“白贲”之阳相互合志,终获吉祥。

【译文】六五,以浑朴的山丘园圃为饰,持一束微薄的丝帛(礼聘贤士);尽管下者无应而有憾惜,但上者相应终将吉祥。

《象》曰:六五之吉,有喜也①。

【注释】① 有喜:《尚氏学》:“五承阳,故有喜。”

【译文】《象传》说：六五的吉祥，说明必有喜庆。

上九，白贲，无咎①。

【注释】① 白贲，无咎：白，素也。此言上九居《贲》之极，“贲”道反归于素；事物以“白”为饰，则见其自然真趣，为纯美至极的象征，故“无咎”。

【译文】上九，素白无华的文饰，无所咎害。

《象》曰：“白贲无咎”，上得志也①。

【注释】① 上得志：指上九与六五亲比，大得“白贲”之志。

【译文】《象传》说：“素白无华的文饰、必无咎害”，说明上九大遂文饰之道尚质的心志。

【总论】《左传》襄公二十五年引孔子曰：“《志》有之：‘言以足志，文以足言。’不言，谁知其志？言之无文，行而不远。”《礼记·礼器》曰：“先王之立礼也，有本有文。忠信，礼之本也；义理，礼之文也。无本不立，无文不行。”这两则记载表明，古人在言“志”、立“本”的前提下，对“文饰”的功用颇为重视。《贲》卦，即是集中阐发“文饰”的意义。卦辞称事物获饰，可致亨通；并特别指出，柔小者一经适当的文饰，必有利于增显其美。卦中六爻，在阴阳交错相杂中呈现互贲之象，其中初与四相应相贲；二与三，五与上，则相比相贲。《折中》引邱富国曰：“阴阳二物，有应者以应而相贲，无应者以比而相贲。”正道出本卦刚爻柔爻之间的交饰特点。然而，诸爻实非无条件地泛言文饰，而是主张恰如其分的贲饰，并崇尚朴素自然的至美境界。试观爻义，初九“舍车”不尚华饰，六四“白马”向往淡美，两者分处上下卦之始，已见“贲”道端倪；六二“贲须”志在承阳，九三“濡如”永守正固，两者并在内卦，以顺合“礼义”为美；六五饰于“丘园”但求简朴，上九饰终返“白”归趣本真，两者并居外卦，以质素自然为美。可见，《贲》卦大旨略见于两事：一是刚柔相杂成文，二是文饰不尚华艳。《系辞下传》谓“物相杂故曰‘文’”,《杂卦传》云“《贲》,无色也”,正可印证这两方面的义旨。就美学意义而论,本卦的象征哲理,与先秦美学理论中“物一无文”(《国语》)、“大巧若拙”(《老子》四十五章)之类的观点,实可互相比较;这在研究古代美学史中,是值得注意的资料。

卷四

剥卦第二十三

䷖ 剥①：不利有攸往②。

【注释】① 剥：卦名，下坤(☷)上艮(☶)，象征“剥落”。 ② 不利有攸往：“剥落”之时，正如卦象所示，阳刚被削剥殆尽，阴气盛长，故卦辞诫“君子”不宜有所往。

【译文】《剥》卦象征剥落：不利于有所前往。

《彖》曰：“剥”，剥也，柔变刚也①。不利有攸往，小人长也②。顺而止之，观象也③；君子尚消息盈虚④，天行也。

【注释】① 柔变刚：此以卦中五阴已浸蚀并改变阳刚的本质，释卦名“剥”。 ② 小人长：小人，指卦中阴爻；长，盛长。此释卦辞“不利有攸往”。 ③ 顺而止之，观象也：顺，下坤为顺；止，上艮为止；观象，谓观此上下卦象，知此时当顺止小人之道。 ④ 君子尚消息盈虚：消息，消亡与生息；盈虚，盈满与亏虚。此举“天道”盛衰互转的哲理，说明阴“剥”阳之势也未能终久,与上文“顺而止”义相承,揭示“君子”顺势治“剥”之道。

【译文】《彖传》说:“剥”,就是剥落的意思,譬如阴柔者浸蚀改变了阳刚的本质。“不利于有所前往”,说明小人的势力盛长。此时应当顺势抑止小人之道,这从观察卦象可以获知;君子崇尚消亡生息、盈盛亏虚的转化哲理,这是大自然的运行规律啊!

《象》曰:山附于地,剥①;上以厚下安宅②。

【注释】① 山附于地,剥:释《剥》卦上艮为山,下坤为地之象。② 上以厚下安宅:上,居上者;厚、安,均用如动词,“加厚”、“安固”;下,下处,犹言“基础”。这句说明“上”者观《剥》卦之象,悟知“厚下安宅”、以防“剥落”的道理。

【译文】《象传》说:高山颓落委附在地面,象征“剥落”;居上者因此丰厚基础、安固宅屋。

初六,剥床以足,蔑①;贞凶②。

【注释】① 剥床以足,蔑:以,介词,相当于“及”;蔑,通“灭”,谓“蚀灭”,《释文》“削也,楚俗有‘削灭’之言”,又引荀爽本作“灭”。这两句说明初六以阴处《剥》下,居坤之始,犹如大床剥落灭坏,先始于足。 ② 贞凶:犹言“守正防凶”。此谓初六处位最卑,无应失正,故特诫以趋“正”自守,以防剥落之“凶”。

【译文】初六,剥落大床先剥及床足,床足必致蚀灭;守持正固以防凶险。

《象》曰:“剥床以足”,以灭下也。

【译文】《象传》说:“剥落大床先剥及床足”,说明最初先蚀灭下部基础。

六二，剥床以辨，蔑①；贞凶②。

【注释】① 剥床以辨，蔑：辨，犹言“床头”。此谓六二阴居下坤之中，犹如“床头”处“床足”、“床架”之间；初“足”已剥，故又剥及“床头”，并将灭坏。 ② 贞凶：义同前爻；此处说明六二居中得正，但“剥”及“床头”，又与六五无应，故亦戒其守“正”防“凶”。

【译文】六二，剥落大床已经剥至床头，床头必致蚀灭；守持正固以防凶险。

《象》曰：“剥床以辨”，未有与也①。

【注释】① 未有与：指二、五不相应和，故有“凶”宜“贞”。

【译文】《象传》说：“剥落大床已经剥至床头”，说明六二未获互应者相助。

六三，剥，无咎①。

【注释】① 剥，无咎：此谓六三虽处“剥落”之时，其体已消剥成阴；但居阳位，应合上九阳刚，故其表似已消剥，其里却仍存阳质，有“含阳待复”之义，故获“无咎”。

【译文】六三，虽处剥落之时，却无咎害。

《象》曰：“剥之无咎”，失上下也①。

【注释】① 失上下：指三不与六四、六二为伍，独应上九，潜含阳质，故处“剥”而“无咎”。

【译文】《象传》说：“虽处剥落之时而必无咎害”，说明六三离开上下群阴(独应阳刚)。

六四，剥床以肤，凶①。

【注释】① 剥床以肤，凶：肤，原意是“皮肤”，句中喻指“床面”。此谓六四阴处上卦之初，犹大床“剥落”至于床面，此床将坏，故“凶”。

【译文】六四，剥落大床已剥至床面，有凶险。

《象》曰：“剥床以肤”，切近灾也。

【译文】《象传》说：“剥落大床已剥至床面”，说明六四迫近灾祸了。

六五，贯鱼以宫人宠，无不利①。

【注释】① 贯鱼以宫人宠，无不利：贯鱼，贯串一排鱼，喻后文“宫人”；宫人，喻六五以下群阴；宠，指“宫人”获宠于君王，句中省略的宾语“君王”当喻上九。这两句说明六五阴居尊位，当“剥”极将“复”之时，虽自身与四阴一样已“剥”成阴，但其志承阳，有“贯串”诸阴承应上九、欲转“剥”道之象，正如妃后引领一列宫女承宠君王，故虽处“剥”而“无不利”。

【译文】六五，像贯串一排鱼一样引领众宫女承宠于君王，无所不利。

《象》曰：“以宫人宠”，终无尤也。

【译文】《象传》说：“引领众宫女承宠于君王”，说明六五终究无所过失。

上九，硕果不食①，君子得舆，小人剥庐②。

【注释】① 硕果不食：硕，大也；不食，犹言“不曾摘食”。此句说明上九居《剥》之终，其德刚直，当诸爻俱“剥”成阴之时，独存阳实，故有“硕果”

未被摘食之象。 ② 君子得舆，小人剥庐：君子、小人，喻阳刚、阴柔；得舆，得乘大车，喻济世获“吉”；剥庐，剥落屋宇，喻害民致“凶”。这两句紧承前句，又从正反两面设喻，说明上九若以“君子”获此“硕果”则“吉”，若为“小人”窃此“硕果”则“凶”。

【译文】上九，硕大的果实未被摘食，君子摘取将能驱车济世，小人摘取必致剥落万家。

《象》曰：“君子得舆”，民所载也；“小人剥庐”，终不可用也。

【译文】《象传》说：“君子摘取硕果将能驱车济世”，说明百姓因此有所仰庇；“小人摘食硕果必致剥落万家”，说明小人终究不可任用。

【总论】《剥》卦喻示事物发展过程中“阳”被“阴”剥落的情状；犹如描绘了一幅秋气萧瑟、万物零落的图景。全卦义旨，阐发善处“剥落”之道，揭明“剥”极必“复”、顺势止“剥”的哲理。卦辞谓“不利有攸往”，诫人此时必须谨慎居守，把握转“剥”复阳之机。六爻五阴居下、一阳处上，通过不同的喻象，指出事物被逐渐消剥的过程，以及处“剥”、转“剥”的规律。其中三阴爻以床体被浸蚀剥落设喻：初六剥及床足，六二剥及床头，尚未致危，均戒以守正防凶；六四剥至床面，此“床”行将败坏，故有凶险。余两阴爻虽也置身于“剥”，却皆能“含阳”、“承刚”，孕育着复阳的期望，因此六三获“无咎”、六五“无不利”。至于上九，是极处卦终的唯一阳爻，代表事物“剥”而不尽、终将回复，其“硕果”独存、阳刚不灭的形象寓意深刻：一方面生动地表明自然界以及人类社会“生生不止”的客观规律；另一方面显示了只有象征“君子”的“阳刚”，才能使“硕果”萌发生机、转“剥”为“复”。《折中》引乔中和曰：“‘硕果不食’，核也，仁也，生生之根也。自古无不朽之株，有相传之果，此‘剥’之所以‘复’也。”

复卦第二十四

䷗ 复①：亨。出入无疾②，朋来无咎③；反复其道，七日来复④。利有攸往⑤。

【注释】① 复：卦名，下震(☳)上坤(☷)，象征"回复"。 ② 出入无疾：出，指阳气外长；入，指阳气内生；无疾，无害。 ③ 朋来无咎：朋，指阳。卦中一阳初动上复，群阴引以为朋，故曰"朋来"；阴阳交合，"复"道畅通，故"无咎"。 ④ 反复其道，七日来复：反复，指阳刚返转回复；道，规律；七日，借取日序周期"七"象征转机迅速，犹言过不了七日。这两句承"出入无疾，朋来无咎"之义，从"阳复"规律的角度，进一步申说阳刚"来复"之快。 ⑤ 利有攸往：此重申前文"复，亨"之旨，说明"回复"之时，阳刚气势发展顺畅无碍，故利有所往。

【译文】《复》卦象征回复：亨通。阳气内生外长无所疾患，刚健友朋前来无所危害；返转回复沿着一定的规律，过不了七日必将转至回复之时。利于有所前往。

《彖》曰："复，亨"，刚反①；动而以顺行②，是以"出入无疾，朋来无咎"。"反复其道，七日来复"，天行也③。"利有攸往"，刚长也④。复，其见天地之心乎⑤？

【注释】① 刚反：犹言"阳复"，指卦下一阳回复上升。 ② 动而以顺行：动，谓下震；顺，谓上坤。此取上下象，说明时当“回复”，阳动而能顺行。这句与前句“刚反”，并释卦辞“亨”、“无疾”、“无咎”之义。 ③ 天行：此句释卦辞：“反复其道，七日来复”之义。 ④ 刚长：指卦中阳刚日益盛长，释卦辞“利有攸往”之义。 ⑤ 其见天地之心乎：天地之心，犹言“天地生物之心”。此句是针对《复》卦大义发出的叹语。

【译文】《彖传》说：“回复，亨通”，说明阳刚更甦返回；阳动上复而能顺畅通行，所以“阳气内生外长无所疾患，刚健友朋前来必无害”。“返转回复沿着一定的规律，过不了七日必将转至回复之时”，这是大自然的运行法则。“利于有所前往”，说明阳刚日益盛长。回复的道理，大概体现着“天地”生育万物的用心吧？

《象》曰：雷在地中，复①；先王以至日闭关②，商旅不行，后不省方③。

【注释】① 雷在地中，复：释《复》卦下震为雷、上坤为地之象。 ② 至日闭关：至日，冬至；闭关，掩闭关阙。这是说明“先王”效法《复》象，于冬至阳气复生之际，休息静养，以利进一步发展。 ③ 商旅不行，后不省方：后，泛指“君主”，与上文“王”同意；省方，即省视四方。这两句承上句义，再申天下静养以助微阳回复之理。

【译文】《象传》说：震雷在地中微动，象征阳气“回复”；先代帝王因此在微阳初动的冬至闭关静养，商贾旅客不外出远行，君主也不省巡四方。

初九，不远复①，无祇悔，元吉②。

【注释】① 不远复：指初九以一阳居群阴之下，为“复”之始，最得“复”道，故有“不远”即“复”之象。 ② 无祇悔，元吉：祇，当为“祇”(音 zhǐ)之误，此处意为“灾患”。这两句极言初九“不远复”的好处；既可无灾无悔，又获至大吉祥。

【译文】初九,起步不远就回复正道,必无灾患、悔恨,至为吉祥。

《象》曰:"不远之复",以修身也。

【译文】《象传》说:"起步不远就回复正道",说明初九善于修美自身。

六二,休复,吉①。

【注释】① 休复,吉:休,美也。此谓六二当阳复之时,柔中居正,下比初阳,犹亲仁下贤,故以回复休美而获吉。

【译文】六二,美好的回复,吉祥。

《象》曰:"休复之吉",以下仁也。

【译文】《象传》说:"美好的回复,吉祥",说明六二能够俯就亲近仁人。

六三,频复①,厉无咎②。

【注释】① 频复:频,犹言"颦蹙",皱眉之状。 ② 厉无咎:犹言"虽危无咎",与《乾》九三义略同(见该爻译注);此诫六三处位多危厉,但能审慎力行"复"道,则无咎害。

【译文】六三,愁眉苦脸而勉强回复,虽有危险却无咎害。

《象》曰:"频复之厉",义无咎也①。

【注释】① 义无咎:义,犹言"复善之义"。

【译文】《象传》说："愁眉苦脸勉强回复的危险"，从六三努力复善的意义看是无咎害的。

六四，中行独复①。

【注释】① 中行独复：中行，指六四处五阴之中，其位得正，犹"居中行正"；独，犹言"专"，指群阴唯六四应初，其情弥专，故有"独复"之象。

【译文】六四，居中行正，专心回复。

《象》曰："中行独复"，以从道也。

【译文】《象传》说："居中行正，专心回复"，说明六四遵从正道。

六五，敦复，无悔①。

【注释】① 敦复，无悔：敦，敦厚。此谓六五柔居尊位，持中不偏，有敦厚自察、笃诚向善之象；故虽失位无应，也能"敦复"免"悔"。

【译文】六五，敦厚笃诚地回复，无所悔恨。

《象》曰："敦复无悔"，中以自考也①。

【注释】① 自考：犹言自我反省考察、成就复善之道。

【译文】《象传》说："敦厚笃诚地回复，无所悔恨"，说明六五居中不偏并能自察成就复善之道。

上六，迷复，凶，有灾眚①。用行师，终有大败；以其国，君凶②：至于十年不克征③。

【注释】① 迷复，凶，有灾眚：迷复，犹言"迷而不复"；灾眚，《释文》引郑玄曰:“异自内生曰‘眚’,自外曰‘祥’,害物曰‘灾’”,《程传》承此曰:“灾,天灾,自外来:眚,己过,由自作”。这三句说明上六阴居卦极,不应初阳,上无所承,为迷不知复之象,故谓“凶,有灾眚”。 ② 用行师,终有大败;以其国,君凶:用,谓“施用”;以,与“用”同义互文,《王注》训“用”。这四句承前文义,说明上六既迷不知复,若用为行师、治国,必将败绩、害君。③ 至于十年不克征:十年,犹言“终久”;征,前行,含“振兴发展”之义。此句总结前文,极言若任用上六必带来深重危害。

【译文】上六,迷入歧途不知回复,有凶险,有灾殃祸患。要是用于带兵作战,终将惨遭败绩;用于治国理政,必致国乱君凶:直到十年之久也不能振兴发展。

《象》曰:“迷复之凶”,反君道也①。

【注释】① 反君道:反,违背。阴为臣,阳为君;上六迷失,不知复阳,故曰“反君道”。

【译文】《象传》说:“迷入歧途不知回复,有凶险”,是由于上六与君主阳刚之道背道而驰。

【总论】《复》卦喻示事物正气回复、生机更发的情状;犹如描绘了一幅大地微阳初动,春天即将到来的图景。全卦意旨主于:生命剥落不尽,一阳终将来复,揭示“正道”复兴是不可抗拒的自然规律。卦辞极力称述阳刚“回复”之际顺畅无碍,疾速利物,表明“复”必致“亨”的道理。卦中六爻,初九为全卦“回复”的根本,是“仁”与“善”的喻象;《彖传》所谓“天地”生育万物之“心”,即系此一阳。因此,五阴凡与初阳相得者均获“复善”之吉:六二比初,有“下仁”的美称;六四应初,有“从道”的佳誉。余三阴与初九未曾相得,但六三处阳位,能勉力“复善”获“无咎”;六五居尊位,能敦厚“复善”获“无悔”;唯上六与初阳背道而驰,迷不知复,终致灾凶。可见,《复》卦是借阳刚喻“美善”,其象征意义以“复善趋仁”为归。陈梦雷指出:

“天地之一阳初动，犹人善念之萌，圣人所最重。”(《周易浅述》)即属此意。孔子称颜回“有不善未尝不知，知之未尝复行”(《系辞下传》引)；屈原曰“回朕车以复路兮，及行迷之未远”(《离骚》)：显然都是本卦所盛赞的“复善”美德的具体体现。

无妄卦第二十五

䷘ 无妄①：元亨，利贞②；其匪正有眚，不利有攸往③。

【注释】① 无妄：卦名，下震(☳)上乾(☰)，象征"不妄为"。 ② 元亨，利贞：此谓物皆"不妄为"之时，至为亨通、利于守正。 ③ 其匪正有眚，不利有攸往：匪，通"非"；眚，祸患。这两句从反面设诫，说明当"无妄"之时，不行正道者必有祸患，不利有所往。

【译文】《无妄》卦象征不妄为：至为亨通，利于守持正固；背离正道的人必有祸患，不利于有所前往。

《彖》曰：无妄，刚自外来而为主于内，动而健①，刚中而应②；大亨以正，天之命也③。其匪正有眚，不利有攸往；无妄之往，何之矣？天命不祐，行矣哉④！

【注释】① 刚自外来而为主于内，动而健：外、健，指乾居外卦；内、动，指震居内卦。这两句举上下卦象，说明阳刚自外来内为主，内外二体既能震动、又秉刚健，故物皆不敢妄为。 ② 刚中而应：指九五阳刚居中而下应六二。此句又以二、五爻象释"无妄"之义。 ③ 大亨以正，天之命也：命，犹言"教命"。这两句承前文之义，释卦辞"元亨，利贞"；说明"无妄"之时可致亨通，必须守正，是"天"之"命"，不可违抗。 ④ 天命不祐，行矣哉：行矣哉，犹言“竟敢如此妄行”，含谴责之意。这两句合前文“无妄之往，何之矣”，释卦辞“其匪正有眚，不利有攸往”；说明远背正道者不得妄行。

【译文】《彖传》说：不妄为，譬如阳刚者从外部前来而成为内部的主宰，威势震动而又禀性健强，刚正居中而又应合于下；此时大为亨通、万物守持正固，这是“天”的教命所致。背离正道的人必有祸患，不利于有所前往；在万物不妄为的时候背离正道而前往，哪里有路可走呢？“天”的教命不给予祐助，怎敢这样妄行啊！

《象》曰：天下雷行，物与无妄①；先王以茂对时育万物②。

【注释】① 天下雷行，物与无妄：与，语气词，此处含有“皆”之意。这两句释《无妄》上乾为天、下震为雷之象；说明雷威奋动，万物不敢妄为。② 先王以茂对时育万物：茂，盛也，此处指“天雷震奋”似的“强盛威势”；对，配合，“对时”。此句说明“先王”效法《无妄》卦象“天下雷行”的强盛威势用以配合天时、养育万物，使之各不妄为。

【译文】《象传》说：天下雷声震行，象征万物敬畏都“不妄为”；先代君王因此用天雷般的强盛威势来配合天时、养育万物。

初九，无妄，往吉①。

【注释】① 往吉：指初九以阳居“无妄”之初，处阴柔之下，有谦恭不妄为之象，故“往”必获“吉”。

【译文】初九，不妄为，前往必获吉祥。

《象》曰：“无妄之往”，得志也。

【译文】《象传》说："不妄为而前往"，是说必然得遂进取的意愿。

六二，不耕获，不菑畬①，则利有攸往。

【注释】① 不耕获，不菑畬：菑，音 zī，指初垦的瘠田，此处用如动词，犹言"开垦"，与前句"耕"互文；畬，音 yú，指耕作多年的良田。这两句"不耕"、"不菑"均为诫辞，意犹"不妄耕""不妄菑"，说明六二当"无妄"之时，柔正居中，上应九五，不敢妄为而安守"臣道"，故以不妄耕求"获"、不妄垦求"畬"为喻，谓如此"则利有攸往"。

【译文】六二，不事耕耘、不图收获，不务开垦、不谋良田，这样就利于有所前往。

《象》曰："不耕获"，未富也。

【译文】《象传》说："不事耕耘、不图收获"，说明六二未曾谋求富贵。

六三，无妄之灾①：或系之牛，行人之得，邑人之灾。

【注释】① 无妄之灾：此谓六三阴居下卦之终，失正躁动，虽不妄为，也可能引来无故灾殃。下文三句正是以路人顺手牵牛，邑人横遭飞祸为譬喻，说明"无妄之灾"的情状。

【译文】六三，不妄为却也招致灾殃：譬如有人系拴着一只耕牛，路人牵走攫为己有，邑中人家将遭受诘捕的飞灾。

《象》曰：行人得牛，邑人灾也。

【译文】《象传》说：路人顺手牵走获得耕牛，说明邑中人家自然将遭受到被诘捕的飞灾。

九四，可贞，无咎①。

【注释】① 可贞，无咎：此谓九四居“近君”危地，下无应与，本有咎害；但阳处阴位，比近九五，犹能谦已奉“君”，守正“不妄”，遂获“无咎”。

【译文】九四，能够守持正固，于是必无咎害。

《象》曰：可贞无咎，固有之也。

【译文】《象传》说：能够守持正固于是必无咎害，说明九四要牢固守正才能长保无害。

九五，无妄之疾，勿药有喜①。

【注释】① 无妄之疾，勿药有喜：这是借小病不治自愈作譬喻，说明九五当“无妄”之时，阳刚中正，居尊善治，其下均不敢妄为；纵使偶遇小灾亦非生于“妄”，故可不治以听其自消。

【译文】九五，不妄为却偶染微疾，无须用药而将有自愈的欢欣。

《象》曰：“无妄之药”，不可试也①。

【注释】① 不可试：即不可以药试。

【译文】《象传》说：九五“不妄为而染疾却不须服用药物”，是因为不能胡乱试用。

上九，无妄，行有眚，无攸利①。

【注释】① 行有眚，无攸利：此谓上九处“无妄”之极，时穷难行，动则遭灾；故爻辞深戒曰：虽不妄为，也不可“行”，行必“有眚”、“无攸利”。

【译文】上九，虽然不妄为，但时穷而行必遭祸患，无所利益。

《象》曰：无妄之行，穷之灾也。

【译文】《象传》说：上九“虽不妄为，但若有所行”，将由于时穷难通而要遭灾殃。

【总论】《无妄》卦大义，主于处事“不妄为”。卦辞从正反面揭示其旨：先称万物“无妄”之时必然至为亨通，利于守正；再戒违背正道者此时将遭祸患，动辄失利。六爻情状，皆呈“不妄为”之象，但吉凶利咎却各不相同：初九起步不妄，往无不吉；六二不贪不妄，安顺获利；六三无所妄为，却飞来横灾；九四以刚守谦，不妄则无害；九五无妄得疾，不治自愈；上九不妄自守，欲行却有祸。人们要问：既然六爻未尝有一爻“妄为”，为何利弊如此悬殊呢？胡炳文曰：“善学《易》者在识‘时’。初曰‘吉’，二曰‘利’，时也；三曰‘灾’，五曰‘疾’，上曰‘眚’，非有妄以致之也，亦时也。初与二皆可往，时当动而动；四‘可贞’，五‘勿药’，上‘行有眚’，时当静而静。”（《周易本义通释》）可见，本卦认为：若欲长保“无妄”，避害就利，凡事动静行止，不能不审时度势。当然，“识时”必须建立在“守正”的基础上；一旦“失正”，则无利可言：此卦辞所明“匪正有眚”之义。朱熹指出：“《无妄》一卦，虽云祸福之来也无常，然自家所守者，不可不利于‘正’。”（《朱子语类》）至于“正”的概念，就古代伦理思想的范畴领会，莫过于遵循“礼”教。孔子曰：“非礼勿视，非礼勿听，非礼勿言，非礼勿动。”（《论语·颜渊》）实与《无妄》卦旨颇可相通。

大畜卦第二十六

☶ 大畜[1]：利贞[2]；不家食吉[3]；利涉大川[4]。

【注释】① 大畜：卦名，下乾（☰）上艮（☶），象征"大为畜聚"。② 利贞：谓"大畜"之时，利于以"正"畜物，所畜者亦当"正"，故曰"利贞"。③ 不家食吉：家，用如状语；"不家食"谓不使贤人在家自食，即广聚于朝廷。此句取养贤为喻，说明"大"者必须"畜"贤，再发前文"大畜，利贞"之义。　④ 利涉大川：此谓"大畜"之时若能守正畜贤，必利于涉难。

【译文】《大畜》卦象征大为畜聚：利于守持正固；不（使贤人）在家中自食可获吉祥；利于涉越大河巨流。

《彖》曰：大畜，刚健笃实，辉光日新其德[1]；刚上而尚贤[2]，能止健，大正也[3]。"不家食吉"，养贤也[4]。"利涉大川"，应乎天也[5]。

【注释】① 刚健笃实，辉光日新其德：刚健，指下乾刚劲健强；笃实，指上艮静止充实。此举上下卦象，说明"大畜"之时，畜物者"刚健笃实"，所畜者"光辉美德"：极称卦义之佳。　② 刚上而尚贤：刚，指上九，喻在上能礼贤于下；尚，崇尚。此以上九爻象，说明《大畜》卦有"畜贤"之义。③ 能止健，大正也：止，抑止，谓上艮为"止"，此处有"规正"意；健，指下乾；大正，犹言至大的正道。这两句又取上下卦象，说明"大畜"之时能规正健强者,体现着“至大正道”。其义承前三句,并释卦名“大畜”及卦辞“利贞”。 ④ 养贤:此释卦辞“不家食吉”。 ⑤ 应乎天:此释卦辞“利涉大川”。

【译文】《彖传》说:大为畜聚,犹如刚健笃实者畜聚不已,乃至光辉焕发、日日增新他的美德;又如阳刚者居上而崇尚贤人,能够规正健强者,这是极大的正道。“不(使贤人)在家中自食可获吉祥”,说明要畜养贤人。“利于涉越大河巨流”,说明行动应合“天”的规律。

《象》曰:天在山中,大畜①;君子以多识前言往行,以畜其德②。

【注释】① 天在山中,大畜:释《大畜》卦下乾为天、上艮为山之象。② 多识前言往行,以畜其德:识,音 zhì,即“记”;前言往行,指前代圣贤的言行。这两句说明“君子”效法《大畜》卦象,多记“前言往行”以畜美德。

【译文】《象传》说:天包含在山中,象征“大为畜聚”;君子因此多方记取前贤的言论、往圣的事迹,用来畜聚美好品德。

初九,有厉,利已①。

【注释】① 有厉,利已:厉,危也;已,停止。此谓初九处“大畜”之时,阳德卑微,为六四所“畜止”、规正;此时若急于求进则“危”,若暂停不进、自畜己德则“利”。

【译文】初九,有危险,利于暂停不进。

《象》曰:“有厉利已”,不犯灾也。

【译文】《象传》说:“有危险,利于暂停不进”,是说不可冒着灾患前行。

九二，舆说輹①。

【注释】① 舆说輹：说，通“脱”，此处犹言“脱卸”；輹，音 fù，指车箱下钩住大车轮轴的木制器件，亦称“伏兔”。

【译文】九二，大车脱卸轮輹不前行。

《象》曰：“与说輹”，中无尤也。

【译文】《象传》说：“大车脱卸轮輹不前行”，说明九二居中不躁进所以不会犯过错。

九三，良马逐，利艰贞①；曰闲舆卫，利有攸往②。

【注释】① 良马逐，利艰贞：此以“良马奔逐”比喻九三“畜德”既充、强健至盛，又与上九阳刚“合志”，故可施展才用；但因三位“多惧”，恐其刚亢过甚、冒进有失，故又诫以“利艰贞”。 ② 曰闲舆卫，利有攸往：曰，语气词；闲，犹言“熟练”，此处用如动词；舆卫，指车马防卫之技，这两句紧承前文之义，说明九三不可自恃其刚、忘乎艰难，应当不断练习“舆卫”之技，自“畜”不已，则“利有攸往”。

【译文】九三，良马在奔逐，利于牢记艰难、守持正固；不断熟练车马防卫的技能，利于有所前往。

《象》曰：利有攸往，上合志也。

【译文】《象传》说：“利于有所前往”，说明九三与上九意志相合。

六四，童牛之牿，元吉①。

【注释】① 童牛之牿，元吉：童牛，《释文》“无角牛也”，犹言“小牛”，喻初九；牿，音 gù，即“木牿”，喻六四。这两句设喻为譬：在无角“童牛”头上加“牿”，犹如六四在初六过恶未萌之初先施“畜止”，妥为“规正”；此即《象传》“能止健”之义，故获“元吉”。

【译文】六四，束缚在无角小牛头上的木牿，至为吉祥。

《象》曰：六四“元吉”，有喜也。

【译文】《象传》说：六四“至为吉祥”，说明“止健”有方，值得欣喜。

六五，豮豕之牙，吉①。

【注释】① 豮豕之牙，吉：豮，音 fén，《释文》引刘表曰：“豕去势曰豮”；豕，音 shǐ，即猪。这两句也是譬喻：猪被阉割，凶性已除，其“牙”则未足惧；犹如九二脱卸“车輹”，停止不前。故“豮豕之牙”即喻九二；六五居尊“畜”二，自能使其接受“规正”，遂获“吉”。此亦《象传》“能止健”之义。

【译文】六五，制约阉割过的猪的尖牙，吉祥。

《象》曰：六五之吉，有庆也。

【译文】《象传》说：六五的“吉祥”，说明“止健”得法，值得庆贺。

上九，何天之衢，亨①。

【注释】① 何天之衢，亨：何，此当为感叹辞，含“何其通达”之意；衢，音 qú，即四面畅通的大路。这两句说明上九阳处《大畜》上艮之终，为“止健”至极、“畜德”至盛之象，犹《大象传》所谓“多识前言往行”的“君子”；故其时大通，如置身于四面畅达的“天衢”，所向必“亨”。

【译文】上九，何等畅达的天上大路，亨通。

《象》曰："何天之衢"，道大行也。

【译文】《象传》说："何等畅达的天上大路"，说明上九"畜德"之道大为通行。

【总论】《大畜》卦所谓"大为畜聚"，表明事物发展过程中，必须竭力畜聚刚健正气的道理。用经传中拟取的"人事"为喻，犹如"君子"广畜"美德"，"君王"遍聚"贤者"。于是卦辞强调"守正"、"养贤"，指出"畜聚阳刚正德"是"大畜"的关键所在。全卦六爻可分三层辨析：初、二为阳刚被"畜"之象，必须先能"自畜其德"，不宜躁进，故初知危不前则"利"，二"大车"不行"无尤"；四、五为尊者"畜"下之象，必须规正制约"健"者，使所畜尽善尽美，故四束缚初之"童牛"获"元吉"，五制约二之"豕牙"得吉祥；至于上下卦终极两爻，并为"畜德"至盛之象，不存"畜"与"被畜"的关系，故三如"良马"奔逐、利有所往，上如置身"天衢"、畅达亨通。可见，本卦爻义，初、二、四、五爻揭示善处"大畜"之道，三、上两爻展现"大畜"的美盛结果。胡炳文曰："他卦取阴阳相应，此取相畜。内卦受畜，以'自止'为义；外卦能畜，以'止之'为义。独三与上居内外卦之极，畜极而通，不取止义。"(《周易本义通释》)然而，三虽"畜极"，尚须不忘"艰贞"才能长保美德；上九则是"大畜"最为完美的象征，其深意既包含"自身道德盛美"，更体现"天下贤路大开"，即游酢所谓"'畜'道之成，贤路自我而四达矣"(《折中》引)。显然，此爻的象征本质，已经把"畜德"的功用，充分反映在"畜贤"、"养贤"的意义上，与《彖传》"刚上而尚贤"正相吻合。这一点，似乎又流露着《周易》作者"授贤与能"的思想。韩愈《元和圣德诗》谓"天锡皇帝，为天下主，并包畜养，无异细巨"，实道出对统治阶级"畜养贤者"的期望，与《大畜》喻旨亦应有合。

颐卦第二十七

䷚ 颐[1]：贞吉[2]；观颐，自求口实[3]。

【注释】① 颐：卦名，下震(☳)上艮(☶)，象征“颐养”。 ② 贞吉：谓“颐养”之道，守正则吉。此即《彖传》所释“养正则吉”之义。 ③ 观颐，自求口实：口实，谓口腹所需的食物。这两句再申前文“贞吉”辞义，说明观物颐养之象，当知以正道自求口中食物。

【译文】《颐》卦象征颐养：守持正固可获吉祥；观察事物的颐养现象，应当明白用正道自求口中食物。

《彖》曰：颐，贞吉，养正则吉也[1]。观颐，观其所养也[2]；自求口实，观其自养也。天地养万物，圣人养贤以及万民：颐之时大矣哉[3]！

【注释】① 养正则吉也：此释卦名及卦辞“颐，贞吉”。 ② 观其所养也：此句与下文“观其自养也”，并释卦辞“观颐，自求口实”；说明“观颐”即观察事物获养的客观条件，“自求口实”是观察领会事物自养的主观方法。 ③ 颐之时大矣哉：此句上承前两句，援举“天地”、“圣人”养育万物、贤者、百姓为例，盛赞“颐养”之时的宏大功效。

【译文】《彖传》说：颐养，守持正固可获吉祥，说明用正道养身才能导致吉祥。观察事物的颐养现象，是观察获得养育的客观条件；应当明白用正道自求口中食物，是观察领会自我养育的正确方法。天地养育万物，圣人养育贤者并养及万民："颐养"之时的功效多么宏大啊！

《象》曰：山下有雷，颐①；君子以慎言语，节饮食②。

【注释】① 山下有雷，颐：释《颐》卦上艮为山，下震为雷之象。② 慎言语，节饮食：这是说明"君子"效法《颐》卦"养正"之道，"慎言"养德、"节食"养身。

【译文】《象传》说：山下响动着震雷（下动上止、如口嚼食），象征"颐养"；君子因此慎发言语以养德，节制饮食以养身。

初九，舍尔灵龟，观我朵颐，凶①。

【注释】① 舍尔灵龟，观我朵颐，凶：尔，指初九；灵龟，喻阳刚美质；我，指六四；朵；颐，口腮。这三句说明当"颐养"之时，初九上应六四，犹如以阳刚之实求养于阴虚，养身不得其道；故爻辞借六四的口吻责之曰：岂能舍弃你的灵龟，而观我垂腮食物？贪欲如是，必致凶险。

【译文】初九，舍弃你灵龟般的美质，而观看我垂腮进食，有凶险。

《象》曰："观我朵颐"，亦不足贵也。

【译文】《象传》说："观看我垂腮进食"，说明初九的求养行为不值得尊重。

六二，颠颐①；拂经，于丘颐，征凶②。

【注释】① 颠颐：颠，倒也。此谓二无应于五，反向下求养于初，有失

"颐"道,故为"颠颐"之象。 ② 拂经,于丘颐,征凶:拂,违也;经,犹言"常理";丘,喻上九。这三句承前句义,谓六二不能以柔顺中正自养,既"颠颐"求初,又违背"奉上"的常理,向上九索取颐养;以此往前必凶。

【译文】六二,既颠倒向下求获颐养,又违背常理,向高丘上的尊者索取颐养,往前进发必有凶险。

《象》曰:六二"征凶",行失类也①。

【注释】① 行失类:指六二若上行,所遇均阴,同性非"类",故有"凶"。

【译文】《象传》说:六二"往前进发必有凶险",说明前行得不到朋类。

六三,拂颐①;贞凶,十年勿用,无攸利②。

【注释】① 拂颐:此谓六三当"颐"之时,阴居阳位,违中失正,恃其有应于上九而求养不已,故为大悖"颐"道之象。 ② 贞凶,十年勿用,无攸利:贞凶,犹言"守正防凶"。此承前文意,说明六三既"颐养"失正,当疾速改邪趋正,谨守防凶;并谓"十年"之久不可施用,若施用,必无所利。爻旨含警戒规劝之义。

【译文】六三,违背"颐养"常理;守持正固以防凶险,十年之久不可施展才用,要是施用必将无所利益。

《象》曰:"十年勿用",道大悖也。

【译文】《象传》说:"十年之久不可施展才用",说明六三与"颐养"正道大相违逆。

六四,颠颐,吉①;虎视眈眈,其欲逐逐,无咎②。

【注释】① 颠颐,吉：此谓六四阴居上卦,得正应初,犹如上者向下求养,再用以养下,故虽“颠颐”却能获“吉”。 ② 虎视眈眈,其欲逐逐,无咎：眈眈,专一注视之状;逐逐,犹言“连接不绝”。这三句以“虎视眈眈”喻四求初专诚不二;以“其欲逐逐”喻所需求连继不绝;又以“无咎”说明“养正”之时,求之有道必无害。

【译文】六四,颠倒向下求获颐养(再用来养人),吉祥;就像老虎眈眈注视,迫切求物接连不绝,必无咎害。

《象》曰：颠颐之吉,上施光也。

【译文】《象传》说：“颠倒向下求获颐养(再用来养人),吉祥”,说明六四居上而能下施光明美德。

六五,拂经[①];居贞吉,不可涉大川[②]。

【注释】① 拂经：此谓六五处《颐》“君位”,失正无应,阴柔无实,唯承上九阳刚,犹如不能养人、反赖上者养己以兼养天下,有背君主“养贤以及万民”的常理,故曰“拂经”。 ② 居贞吉,不可涉大川：此承前句义,说明六五既失正不刚,宜趋正以居,从阳补阴,不可率意犯难涉险。

【译文】六五(譬如“君主”依赖上者养己以养天下),违背常理;静居守持正固可获吉祥,不可涉越大河巨流。

《象》曰：“居贞之吉”,顺以从上也。

【译文】《象传》说：“静居守持正固可获吉祥”,说明六五应当顺从依赖上九阳刚贤者。

上九,由颐;厉吉,利涉大川[①]。

【注释】① 由颐;厉吉,利涉大川:由颐,由之以颐,其构词法与《豫》九四“由豫”同,此处犹言“天下赖以获养”。这三句说明上九最处《颐》极,阳刚充沛,有臣贤于君、君赖之以养天下之象;担此重任,知危能慎则吉,排难涉险必利。

【译文】上九,天下依赖他获得颐养;知危能慎可获吉祥,利于涉越大河巨流。

《象》曰:“由颐厉吉”,大有庆也。

【译文】《象传》说:“天下依赖他获得颐养,知危能慎可获吉祥”,说明上九大有福庆。

【总论】《汉书·食货志下》有这样一段话:“酒者,天之美禄,帝王所以颐养天下,享祀祈福,扶衰养疾。”诚然,佳酿美酒可以颐养人体,但若狂饮无度,必成为伤身损德的媒介。同理,《颐》卦虽发“颐养”之义,卦辞开句便诫:守正则吉。卦中所揭明的“养正”意义,基本宗旨体现在两端:“自养”之道,当本于德,不可弃德求欲;“养人”之道,当出于公,必须养德及物。六爻的喻旨,下三爻皆“自养”不得其道,因此初“凶”、二“征凶”、三“无攸利”;上三爻皆努力“养人”,故四“吉”、五“居贞吉”、上“吉”且“利”。《折中》引吴曰慎曰:“初九、六二、六三,皆自养口体,私而小者也;六四、六五、上九,皆养其德以养人,公而大者也。公而大者吉,得‘颐’之正也;私而小者凶,失‘颐’之贞也。可不‘观颐’而自求其正耶?”可见,六爻大义是集中赞美“养人”、“养贤”、“养天下”的“颐养”盛德。若回头就卦辞“自求口实”看,则卦中尽管强调“养德”,其立足点仍未尝偏离物质基础。据此辨析《颐》卦“养天下”的义理,似与《孟子》提倡的“民本”思想以及《管子》所发“王者以民为天,民以食为天”的言论略可勾联;此中自然也看出《周易》作者的进步观念。

大过卦第二十八

䷛ 大过[①]：栋桡[②]；利有攸往，亨[③]。

【注释】① 大过：卦名，下巽（☴）上兑（☱），象征“大为过甚”。② 栋桡：栋，梁，屋脊的主要部分；桡，音 náo，通“挠”。此以栋梁两端柔弱不胜重压，以至曲折弯挠，喻示事物刚大者片面过甚、柔小者不胜其势的反常状态；卦中四阳过强、二阴虚弱，正呈此象。③ 利有攸往，亨：此谓“大过”之时，物既反常，则亟待整治；卦中二、五爻阳刚得中，上下卦又有驯顺、和悦以治“大过”之象，故利往、得亨。

【译文】《大过》卦象征大为过甚：栋梁曲折弯挠；利于有所前往，亨通。

《彖》曰：“大过”，大者过也[①]；“栋桡”，本末弱也[②]。刚过而中，巽而说行[③]，利有攸往，乃亨。“大过”之时大矣哉[④]！

【注释】① 大者过：此释卦名“大过”，谓卦中阳爻超过阴爻，喻事物刚大因素过盛。② 本末弱：本末，首尾两端，指卦中初、上两爻。此句承前文“大者过也”之义，释卦辞“栋桡”；谓“栋”之所以“桡”，是由于两端柔弱、不如中体刚强，故难胜重压、导致下挠曲折。卦中初、上阴爻，正是“本末弱”之象。③ 刚过而中，巽而说行：刚、中，指二、五两爻阳刚居中；

巽，下卦巽含“驯顺”义；说，即“悦”，上卦兑为“悦”。这两句举二、五爻象及上下卦象释卦辞“利有攸往，亨”；说明阳刚能居中调济，沿顺、悦之道而行，则利于整治“大过”，往必有亨。 ④“大过”之时大矣哉：此谓“大过”之时事物反常，亟待整治，“君子”正可施用，故称“时大”。

【译文】《彖传》说：“大为过甚”，指刚大者过甚；“栋梁曲折弯挠”，说明首尾两端柔弱。阳刚过甚时能够适中调济，驯顺、和悦地施行整治，因此利于有所前往，可获亨通。“大过”之时的功效多么宏大啊！

《象》曰：泽灭木，大过①；君子以独立不惧，遁世无闷②。

【注释】① 泽灭木，大过：释《大过》卦上兑为泽、下巽为木之象。 ② 独立不惧，遁世无闷：此谓“君子”观卦象，悟知当以“大过人”之举处“大过”之时，故能“独立不惧，遁世无闷”。

【译文】《象传》说：大泽淹没树木，象征“大为过甚”；君子因此（处身“大过”之时）能够独自屹立，毫不畏惧；毅然逃世，无所苦闷。

初六，藉用白茅，无咎①。

【注释】① 藉用白茅，无咎：藉，音 jiè，衬垫，《释文》引马融曰：“在下曰藉”，即用物垫于下以承物；白茅，洁白的茅草。这两句说明初六当“大过”之时，一阴在下，应当极为敬慎承事上之阳刚，才能免“咎”；故爻辞拟白茅衬地承物以奉上为喻。

【译文】初六，用洁白的茅草衬垫承放（奉献尊者的物品），免遭咎害。

《象》曰：藉用白茅，柔在下也。

【译文】《象传》说："用洁白的茅草衬垫承放(奉献尊者的物品)"，说明初六柔顺居下、行为敬慎。

九二，枯杨生稊，老夫得其女妻①；无不利。

【注释】① 枯杨生稊，老夫得其女妻：稊，音 tí，通"荑"，树木新生的芽、枝。本爻拟象十分生动：以枯杨生出新枝、老汉娶得幼妻，比喻九二以"过甚"之阳得处中位，下比初六柔弱之阴，遂能刚柔相济，各自获益；以此处"大过"，则无所不利。

【译文】九二，枯槁的杨树生出嫩芽新枝，龙钟老汉娶了个年少娇妻；无所不利。

《象》曰："老夫女妻"，过以相与也。

【译文】《象传》说："龙钟老汉娶了个年少幼妻"，说明九二阳刚过甚，但能和初六阴柔相互亲与。

九三，栋桡，凶①。

【注释】① 栋桡，凶：此谓九三当"大过"之时，阳居下卦之极，刚亢过甚；又应于上六，刚势益烈：正如栋之中体愈刚、本末愈弱，故有"栋桡"之象。爻义与卦辞合，言如此处"大过"，"栋"必挠曲、凶险将至。

【译文】九三，栋梁曲折弯挠，有凶险。

《象》曰："栋桡之凶"，不可以有辅也①。

【注释】① 不可以有辅也：辅，助也。此句说明九三不可应上；若得应于上六，刚势获助益烈，则"栋桡"益甚。

【译文】《象传》说："栋梁曲折弯挠而有凶险"，说明九三的刚势不能再加以辅助。

九四，栋隆，吉①；有它，吝②。

【注释】① 栋隆，吉：隆，隆起，即下"挠"之势平复。此谓九四处《大过》上卦之始，阳居阴位，犹自损过刚之质，以救"本末"之"挠"，使"栋"体隆起平复，故获吉祥。② 有它，吝：有它，有应于它方，此处指应初。这两句因九四与初有应，特设诫辞，谓四既已损刚使"栋隆"，若再趋下应初、则将过柔，反不能救"挠"，而致有"吝"。

【译文】九四，栋梁隆起平复，吉祥；要是有应于下方，必生憾惜。

《象》曰："栋隆之吉"，不桡乎下也。

【译文】《象传》说："栋梁隆起平复，吉祥"，说明九四使栋梁不再往下曲折弯挠。

九五，枯杨生华，老妇得其士夫①；无咎无誉②。

【注释】① 枯杨生华，老妇得其士夫：这两句拟象与九二相对，也十分生动；以枯杨生出新花，老妇配得壮夫，比喻九五刚健之阳(犹"士夫")亲比上六衰极之阴(犹"老妇")，两者勉力调济、阴阳和合，故有"生华"之象。② 无咎无誉：此谓九五勉力拯救"本末弱"的反常局面，虽"老妇"也与相配，以期刚柔调济，不失"大过人"之举，故"无咎"；但极强配极弱，终难善成其功，且有对偶不适之憾，故"无誉"。

【译文】九五，枯槁的杨树开出新花，龙钟老太配了个强壮丈夫；不遭咎害、也无所佳誉。

《象》曰："枯杨生华"，何可久也？"老妇士夫"，亦可丑也。

【译文】《象传》说："枯槁的杨树开出新花"，生机怎能长久呢？"龙钟老太配了个强壮丈夫"，这样的情状也太可羞丑。

上六，过涉灭顶，凶，无咎①。

【注释】① 过涉灭顶，凶，无咎：这是以涉水淹溺、遭灭顶之灾，喻上六极阴处《大过》之终，虽下比九五阳刚，竭力取阳济阴，但因才力过弱，终究难免"亡身"；然视其"独立不惧"的救时毅力，结局虽"凶"，而"杀身成仁"之义则"无咎"。

【译文】上六，涉水过深以至淹没头顶；有凶险，但无所咎害。

《象》曰："过涉之凶"，不可咎也。

【译文】《象传》说："涉水过深以至淹没头顶有凶险"，说明上六救时亡身、不可视为有咎害。

【总论】自然界及人类社会中，事物的发展有时将导致阳刚过甚、阴柔极弱，或主体因素过甚、附属因素极弱等情形；于是"生态"失调，物象反常。这就是《大过》卦所揭示的"大为过甚"的事状。卦辞先取"栋梁"曲折下挠为喻，表明"阳刚"者"大过"、"阴柔"者不胜其势的景况；再指出此时亟待"大过人"之举奋力拯治，则可以调济阴阳，走向"亨通"。卦中六爻分别说明善处"大过"的道理，其义主于：上下两阴须取刚济柔，中间四阳须取柔济刚；如此互济，才能救"大过"之弊，成调和之功。但诸爻处时各异，遂致吉凶有别：初、二相比，善于互调刚柔，故初"无咎"、二"无不利"；五、上也相比，但阴阳悬殊太甚，虽竭力调济，终难完满成功，故五"无咎无誉"、上"凶，无咎"；唯三、四两阳最远两阴，必当自损阳刚、静居顺调，而三违逆此道致“凶”，四遵循此道获“吉”。可见，拯治“大过”的根本原则是“刚柔相济”、力求平衡。当然，拯治过程中，“大过人”的举动又是至为关键的；卦中所取“枯杨”生芽、开花，“老夫”、“老妇”得配“女妻”、“壮夫”等象，即含“非同寻常”之义。最使后人警醒的，莫过于上六涉水“灭顶”所寓含的“杀身成仁”以救“大过”之旨。《大象传》称“独立不惧”，《论语·季氏》曰“危而不持，颠而不扶，将焉用彼相矣”，并可启发此爻的意蕴。

坎卦第二十九

䷜ 习坎①：有孚，维心亨②；行有尚③。

【注释】① 习坎：习，重叠，《集解》引陆绩曰："重也"；坎，卦名，下卦上卦均坎(☵)，象征"险陷"。 ② 有孚，维心亨：孚，信也；维，语气助词。此谓处险之时，常存孚信，其心亨通，则可以排险涉难；卦中二、五两爻阳刚居中，正含此象。 ③ 行有尚：此句承前两句义，说明此时"有孚"、"心亨"，则行险可以有功，必获嘉尚。

【译文】《坎》卦象征重重险陷：只要胸怀信实，就能使内心亨通，努力前行必被崇尚。

《彖》曰："习坎"，重险也，水流而不盈①。行险而不失其信②，维心亨，乃以刚中也③；"行有尚"，往有功也④。天险不可升也，地险山川丘陵也，王公设险以守其国：险之时用大矣哉⑤！

【注释】① 重险也，水流而不盈：此谓上下坎两"险"相重，若水流陷穴、不能盈满，以释"习坎"之义。 ② 行险而不失其信：指二、五阳刚居中，为行险不失信之象。 ③ 刚中：亦指九二、九五阳刚居上下坎之中，此与前文"行险而不失其信"并释卦辞"有孚，维心亨"。 ④ 往有功：此释卦辞"行有尚"。 ⑤ 险之时用大矣哉：此句总结前三句所举"天险"、

“地险”、“王公设险”之例，从“用险”的角度叹美“坎险”之时的宏大功用。

【译文】《彖传》说：“习坎”，意思是重重险陷，就像水流进陷穴不见盈满。行走在险境而不丧失信实，就能使内心亨通，这是由于阳刚居中不偏；“努力前行必被崇尚”，说明往前进取可建功勋。天险高远无法升越，地险山川丘陵（也难以逾越），国君王侯于是设险守护国境：“险陷”之时的功用是多么宏大啊！

《象》曰：水洊至，习坎①；君子以常德行，习教事②。

【注释】① 水洊至，习坎：洊，音 jiàn，犹言“叠连”。此释《坎》卦上下坎均为水之象。 ② 常德行，习教事：常，用如动词，指恒久保持；习，动词，犹言“熟习”；教事，《正义》：“政教之事”。这是说明“君子”观《坎》之象，悟知守德行当如水之长流不息，行教事当如两坎相受、时时熟习。

【译文】《象传》说：水叠连流至，象征“重重险陷”；君子因此恒久保持令德美行，反复熟习政教事务。

初六，习坎，入于坎窞，凶①。

【注释】① 入于坎窞，凶：窞，音 dàn，犹言深坑。此谓初六以阴处重坎之下，柔弱失正，难以出险，故有深陷“坎窞”而致“凶”之象。

【译文】初六，面临重重险陷，落入陷穴深处，有凶险。

《象》曰：“习坎入坎”，失道凶也。

【译文】《象传》说：“面临重重险陷又落入陷穴深处”，说明初六违失履险之道必有凶险。

九二，坎有险，求小得①。

【注释】① 坎有险，求小得：小，指阴柔，又喻“小事”、“小处”等。此谓九二处下坎之中，失正罹险；但能以刚居中，孚比上下二阴，故为求“小”有“得”、渐谋脱险之象。

【译文】九二，在陷穴中困罹险难，从小处谋求脱险必有所得。

《象》曰：“求小得”，未出中也。

【译文】《象传》说：“从小处谋求脱险必有所得”，说明九二此时尚未脱出险中。

六三，来之坎坎①，险且枕，入于坎窞，勿用②。

【注释】① 来之坎坎：来之，犹言“来去”。此谓六三阴居阳位，意欲行险，又处上下坎之间，故有“来之坎坎”、动辄罹险之象。 ② 险且枕，入于坎窞，勿用：枕，枕枝而不安，即形容罹险难安的样子。这三句承上文之义，说明六三前后皆险，动处均无凭依；当此陷入“坎窞”之时，必不可强行施用。

【译文】六三，来去都处在险陷之间，往前有险，退居难安，落入陷穴深处，不可施展才用。

《象》曰：“来之坎坎”，终无功也。

【译文】《象传》说：“来去都处在险陷之间”，说明六三终究难成行险之功。

六四，樽酒，簋贰，用缶，纳约自牖，终无咎①。

【注释】① 樽酒，簋贰，用缶，纳约自牖，终无咎：簋，音 guǐ，《说文》：“黍稷方器也，从竹、皿、皀”，“簋贰”犹言“两簋食”；缶，瓦器，“用缶”谓以瓦缶盛物;牖,音 yǒu,窗户。这几句取各种物象为喻,说明六四处“险”之时,居上坎之下,前后亦均为“陷穴”,但柔顺得正,上承九五,能以虔诚之心与之结交,犹如奉薄酒一樽、淡食两簋,盛物于瓦缶,虽简朴亦可呈献于尊者;五与四均无它应,遂开诚布公地相交,恰似“纳约”于明窗,于是六四得阳刚相助、不陷入坎险,故“终无咎”。

【译文】六四,一樽薄酒,两簋淡食,用质朴的瓦缶盛物(虔诚地奉献给尊者),通过明窗结纳信约,终将免遭咎害。

《象》曰:“樽酒簋贰”,刚柔际也。

【译文】《象传》说:“一樽薄酒、两簋淡食(奉献尊者)”,说明九五阳刚和六四阴柔相互交接。

九五,坎不盈,祗既平,无咎①。

【注释】① 坎不盈,祗既平,无咎:祗,当作“祇”(音 zhǐ),与“坻”通,小丘也。这三句说明九五处“险”之时,阳刚中正,下比六四,为居尊而履险有方之象,故险陷的深穴虽未满盈,穴旁的小丘已被铲平;长此以往,必能渐填陷穴,开通前路,脱出险境,故“无咎”。

【译文】九五,险陷尚不满盈,小丘已被铲平,必无咎害。

《象》曰:“坎不盈”,中未大也。

【译文】《象传》说:“险陷尚不满盈”,说明九五虽居中但平险之功尚未光大。

上六,系用徽纆,寘于丛棘,三岁不得,凶①。

【注释】① 系用徽纆,寘于丛棘,三岁不得,凶:纆,音 mò,徽、纆,均为绳索之名;寘,音 zhì,通“置”;丛棘,《集解》引虞翻曰:“狱外种九棘,故称

‘丛棘’。”这几句说明上六以柔居险之极，所陷至深，犹如被捆缚囚置于“丛棘”中的牢狱，三年不得解脱，故“凶”。

【译文】上六，被绳索捆缚，囚置在荆棘丛中，三年不得解脱，有凶险。

《象》曰：上六失道，凶三岁也。

【译文】《象传》说：上六违失履险正道，凶险将延续三年之久。

【总论】韩愈《复志赋》曰“昔余之既有知兮，诚坎坷而艰难”（《昌黎先生集》）；文天祥《过平原作》云“崎岖坎坷不得志，出入四朝老忠节”（《文山集》）。两人均在诗赋中发出世途艰险难行的慨叹。《坎》卦大旨，正是喻示谨慎行险的道理。卦辞主于勉励，说明面临重重险陷之际，只要不失诚信，内心亨通就能排险涉难、前行可获嘉尚。卦中六爻皆不言“吉”，主于从正反两方面设诫。其中四阴爻除六四柔正承阳、慎处险境获“无咎”外，余三爻多呈凶象：初六柔弱处重坎之下，深落陷穴致“凶”；六三阴柔失正，来去均不能出险，终难施用；上六阴处险极，被捆缚幽囚，“凶”延“三岁”。至于二、五两阳，刚健居中，是本卦平险排难的希望所在：尽管两爻并未能彻底脱出险陷，但九二在“慎求小得”中不懈努力，九五于“铲平小丘”后继续奋发——卦辞“行有尚”，《大象传》“常德行，习教事”的意旨，似在这两爻，尤其在九五中，得到较深刻的体现。可见，《坎》卦“行险”的义理，是偏重建立在阳刚信实的基础上，强调谨慎守恒之德，如此则险陷可履、艰难可除。《史记·夏本纪》载夏禹治水的事迹，称其“劳心焦思，居外十三年，过家门不敢入”，终于平定洪水滔天之患；《列子·汤问》叙愚公移山的寓言，谓其立志以“子子孙孙无穷匮”的恒久力量，誓要排除太行、王屋之险：这两例，似并可借以参证本卦“行险而不失其信”、“乃以刚中”、“往有功”（《彖传》）的象征内涵。

离卦第三十

☲ 离①：利贞，亨②；畜牝牛吉③。

【注释】① 离：卦名，下卦上卦皆离(☲)，象征"附丽"。 ② 利贞，亨：此谓事物有所附丽之时，利于守正，而后可致亨通；本卦以阴柔为主，故辞意又含"以柔为正"之旨。 ③ 畜牝牛吉：此句专明"附丽"当取柔顺，才能获"吉"，故以"畜牝牛"为喻。

【译文】《离》卦象征附丽：利于守持正固，亨通；畜养母牛可获吉祥。

《彖》曰：离，丽也①；日月丽乎天，百谷草木丽乎土。重明以丽乎正，乃化成天下②；柔丽乎中正③，故亨，是以畜牝牛吉也。

【注释】① 离，丽也：此与下两句"日月丽乎天，百谷草木丽乎土"，并释卦名"离"之义。 ② 重明以丽乎正，乃化成天下：重明，指上下卦均离，犹两明相重。此谓上下象含有"重明"附离于正道可以"化成天下"之义。 ③ 柔丽乎中正：柔，指二、五两爻。此以六二、六五柔顺居中处正，合前两句并释卦辞"利贞，亨，畜牝牛吉"。

【译文】《彖传》说："离"，意思是附丽；譬如太阳月亮附丽在天上，百谷草木附丽在地上。光明重叠而又附丽于正道，就能推行教化,促成天下昌盛;柔顺者附丽在适中方正之处,于是前景亨通,所以畜养母牛可获吉祥。

《象》曰:明两作,离[①];大人以继明照于四方[②]。

【注释】① 明两作,离:两,犹言“接连”;作,起也。此释《离》卦上下“离”均为“明”之象。 ② 以继明照于四方:这是说明“大人”效法《离》卦光明连继之象,绵延不断地用“明德”照临天下。

【译文】《象传》说:光明接连升起(悬附高空),象征“附丽”;大人因此连续不断地用光明照临天下四方。

初九,履错然,敬之,无咎[①]。

【注释】① 履错然,敬之,无咎:错然,错落有致。此谓初九阳刚处下,于行将“附丽”之时,行事能郑重不苟、恭敬谨慎,故获“无咎”。

【译文】初九,践行事务郑重不苟,保持恭敬谨慎,就必无害。

《象》曰:“履错之敬”,以辟咎也[①]。

【注释】① 辟:通“避”。

【译文】《象传》说:“践行事务郑重不苟,保持恭敬谨慎”,说明初九这样才能避免咎害。

六二,黄离,元吉[①]。

【注释】① 黄离,元吉:黄,中之色。这是用“黄”色喻六二居中,能以柔顺中正之道附丽于物,故获“元吉”。此即《彖传》“柔丽乎中正,故亨”之义。

【译文】六二,保持中正的黄色附丽于物,至为吉祥。

《象》曰:“黄离元吉”,得中道也。

【译文】《象传》说:“保持中正的黄色附丽于物,至为吉祥”,说明六二有得于适中不偏之道。

九三,日昃之离,不鼓缶而歌,则大耋之嗟,凶①。

【注释】① 日昃之离,不鼓缶而歌,则大耋之嗟,凶:缶,瓦器,可用为节乐;耋,音 dié,《说文》“年八十曰‘耋’”,“大耋”极言年老。这几句取太阳偏西为喻,说明九三处下离之终,阳极将衰,未能长久“附丽”于物;此时若不及时“鼓缶”作歌行乐,而要勉强进取,将致“大耋之嗟”,必有凶险。

【译文】九三,太阳将落,垂垂附丽在西天,此时要是不敲起缶器、怡然作歌自乐,必将导致老暮穷衰的嗟叹,有凶险。

《象》曰:“日昃之离”,何可久也!

【译文】《象传》说:“太阳将落,垂垂附丽在西天”,这种情状怎能保持长久呢!

九四,突如其来如,焚如,死如,弃如①。

【注释】① 突如其来如,焚如,死如,弃如:这是取日出之际的霞光为喻,说明九四处上下两离之间,急欲上进附丽于六五,但阳刚失正,欲速不达,犹如清晓东方的暾霞突喷而起,有烈焰“焚如”之势;但霞光终究不能上附高天,瞬息间即消散不存,落得“死如,弃如”的结局。

【译文】九四,突然升起火红的暾霞,像烈焰在焚烧,但顷刻间又消散灭亡,被弃除净尽。

《象》曰:“突如其来如”,无所容也。

【译文】《象传》说:“突然升起火红的暾霞”,说明九四的虚势必将无处附丽容纳。

六五,出涕沱若,戚嗟若,吉①。

【注释】① 出涕沱若,戚嗟若,吉: 沱,泪流滂沱之状;若,语气助词;戚,即“慽”,忧伤。此谓六五阴居阳位,为九四之势所迫,遂致忧伤、哀泣;但丽着于尊位,终获众助,故先伤泣然后有“吉”。

【译文】六五,流出泪水滂沱不绝,忧慽嗟伤悲切,(居尊获助,终将)吉祥。

《象》曰: 六五之吉,离王公也。

【译文】《象传》说: 六五的吉祥,说明是丽着于王公的尊位。

上九,王用出征①,有嘉折首,获匪其丑,无咎②。

【注释】① 王用出征: 此谓上九以阳居《离》之极,“附丽”之道大成,众皆亲附;但有不亲附者,则可征伐讨罪。 ② 有嘉折首,获匪其丑,无咎: 嘉,嘉美之功;首,指敌方首级;匪其丑,即“非其类”,指不愿附从的“异己”。此三句承前文之义,说明上九“出征”取胜,所俘获均异己,则可“无咎”。

【译文】上九,君王出师征伐,建树丰功、斩折敌方首级,俘获不愿亲附的异己,无所咎害。

《象》曰:“王用出征”,以正邦也。

【译文】《象传》说:“君王出师征伐”,说明上九是为了端正邦国治理天下。

【总论】《左传》僖公十四年载虢射曰："皮之不存，毛将安傅？"说明事物往往需要附着于一定的环境。就自然物象而言，太阳依附于天空广照大地，火焰依附于燃料发出光热，是最为显明的事例。《离》卦所示"附丽"之义，正是以火、日为基本喻象。卦辞称"畜养牝牛"可获吉祥，则是强调"附丽"之时必须柔顺守正才能亨通畅达。从六爻的情状分析，二、五获吉在于阴柔居中，守持正道以成"附丽"之美；三、四皆凶，则是阳刚不中不正，或面临穷衰，或虚势"无所容"，均不能遂"附丽"之志；至于初、上两阳，初九处下敬慎、渐能附丽于物，上九"离"道已成、物皆亲附，故两爻并获"无咎"。若以《坎》、《离》两卦互为比较，又可进一步看出，"行险"当以"刚中"为主，"附丽"则以"柔中"为宜：这是两卦适为相反的核心意义。当然，《离》卦的象征喻旨也是十分广泛的，取"人事"为说，不论人的地位尊卑如何，均须附丽于所处的时代、社会；而人与人之间的不同层次，又存在附丽与被附丽的复杂关系：人类的社会结构，于是不可避免地反映出一种特定的组合。《彖传》极称："重明以丽乎正，乃化成天下。"程颐曰："天地之中，无无丽之物，在人当审其所丽，丽得其正则能亨也。""君臣上下，皆有明德，而处中正，可以化成天下，成文明之俗。"(《程传》)这事实上是把《离》卦的哲学意义纳入古代政治思想的范畴中去了。

卷五　下经

咸卦第三十一

䷞　咸[1]：亨，利贞；取女吉[2]。

【注释】① 咸：卦名，下艮(☶)上兑(☱)，象征“交感”。　② 亨，利贞；取女吉：取，即“娶”。这三句说明“交感”可致亨通，其利在于守正；并以人事为喻，谓男女“交感”，以“正道”结为婚姻必“吉”。

【译文】《咸》卦象征交感：亨通，利于守持正固；娶妻可获吉祥。

《彖》曰：咸，感也；柔上而刚下，二气感应以相与[1]。止而说[2]，男下女[3]，是以亨，利贞，取女吉也。天地感而万物化生，圣人感人心而天下和平：观其所感，而天地万物之情可见矣[4]！

【注释】① 柔上而刚下，二气感应以相与：柔，指上兑阴卦；刚，指下艮阳卦；与，《释文》引郑玄曰：“犹亲也”。这两句以上下象有刚柔交感之义，释卦名“咸”。　② 止而说：止，谓下艮；说，悦也，谓上兑。此明上下象有

“静止、欣悦”之义，犹“交感”以正，不陷邪欲。　③ 男下女：男，谓艮为少男；女，谓兑为少女。此句以上下卦含少男“礼下”少女之象，与前文“止而说”并释卦辞“亨，利贞，取女吉。”　④ 天地万物之情可见矣：此句合前三句，广举天地、圣人、万物相感之例，深阐《咸》卦大义。

【译文】《彖传》说：“咸”，意思是交感；譬如阴柔往上而阳刚来下，二气交感互应、两相亲和。交感之时稳重自制又能欢快欣悦，就像男子以礼下求女子，所以亨通，利于守持正固，娶妻可获吉祥。天地交感带来万物化育生长，圣人感化人心带来天下和平昌顺：观察“交感”现象，天地万物的性情就可以明白了！

《象》曰：山上有泽，咸①；君子以虚受人②。

【注释】① 山上有泽，咸：释《咸》卦下艮为山、上兑为泽之象。② 以虚受人：受，犹言容纳。此句说明君子效法《咸》象，虚怀接物，以成“感应”之道。

【译文】《象传》说：山上有大泽，（山泽相通）象征“交感”；君子因此虚怀若谷，广泛容纳感化众人。

初六，咸其拇①。

【注释】① 咸其拇：拇，足大指也。此句说明初六以阴处“咸”之始，上应九四，所感尚浅，未动于心，故以感于“拇”为喻；言其欲动而未动。

【译文】初六，交感相应在脚拇指。

《象》曰：“咸其拇”，志在外也。

【译文】《象传》说：“交感相应在脚拇指”，说明初六的感应志向是往外发展。

六二，咸其腓，凶；居吉①。

【注释】① 咸其腓，凶；居吉：腓，音 féi，小腿肚。此谓六二处《咸》下卦之中，柔正应五，犹交感至于“腓”；“腓”为动象，躁动必凶，故爻辞先戒以凶险，再勉其静居守正则吉。

【译文】六二，交感相应在小腿肚，有凶险；安居守静可获吉祥。

《象》曰：虽凶居吉，顺不害也。

【译文】《象传》说：六二尽管有凶险但安居守静可获吉祥，说明顺从“交感”正道可以免遭祸害。

九三，咸其股，执其随，往吝①。

【注释】① 咸其股，执其随，往吝：股，大腿；执，犹言“执意”；随，此处含“盲从泛随”、心无专主之义。这三句说明九三处《咸》下卦之终，阳盛刚亢，应于上六，交感至“股”；“股”动随足而行，故喻相感不专，执意泛随，“往”必有“吝”。

【译文】九三，交感相应在大腿，执意盲从泛随于人，如此前往必有憾惜。

《象》曰：“咸其股”，亦不处也；“志在随人”，所执下也。

【译文】《象传》说：“交感相应在大腿”，说明九三不能安静退处；“心志在于盲从泛随于人”，说明所执守之意是卑下的。

九四，贞吉，悔亡①；憧憧往来，朋从尔思②。

【注释】① 贞吉，悔亡：此谓九四当“咸”之时，本有“失正”之悔；但阳居阴位有谦退之象，犹能趋正自守，与所应之初六以诚相须、静俟心志通同之日，故获“吉”而“悔亡”。　② 憧憧往来，朋从尔思：憧，音 chōng，“憧憧”形容心意不定而频频往来之状；朋，指初六；尔，指九四；思，思念。这两句承前文意，说明九四从有“悔”到“悔亡”，乃至友朋意志通感，倾心相从的过程。

【译文】九四，守持正固可获吉祥，悔恨必将消亡；心意不定地频频往来，友朋终究顺从你的思念。

《象》曰：“贞吉悔亡”，未感害也；“憧憧往来”，未光大也。

【译文】《象传》说：“守持正固可获吉祥，悔恨必将全消”，说明九四未曾因“交感”不正而遭害；“心意不定地频频往来”，说明此时“交感”之道尚未光大。

九五，咸其脢，无悔①。

【注释】① 咸其脢，无悔：脢，音 méi，即“背脊肉”，位于“心之上，口之下”。这两句说明九五当“感”之时，阳刚居尊，虽与六二有应，却不能“大感”；犹如感应在“脢”上，其心难通，故仅获“无悔”。

【译文】九五，交感相应在背脊肉上，不致悔恨。

《象》曰：“咸其脢”，志末也。

【译文】《象传》说：“交感相应在背脊肉上”，说明九五的交感志向过于浅末。

上六，咸其辅颊舌①。

【注释】① 咸其辅颊舌：辅，在脸颊之上，指上牙床；辅、颊、舌三者合称,犹今言“口头言语”。此句说明上六以阴居《咸》卦之终,“感”极而反,其应徒在口头言语而已。

【译文】上六,交感相应在口头上。

《象》曰:“咸其辅颊舌”,滕口说也①。

【注释】① 滕:音 téng,通“腾”,腾扬。

【译文】《象传》说:“交感相应在口头上”,说明上六不过腾扬空言而已。

【总论】《礼记·乐记》认为:“人生而静,天之性也;感于物而动,性之欲也。”《序卦传》曰:“有天地然后有万物,有万物然后有男女,有男女然后有夫妇。”并谓“夫妇之道,不可以不久也。”显然,《咸》卦的主旨,从广义看是普遍阐明事物“感应”之道,从狭义看却是侧重揭示男女“交感”之理。卦辞称“交感”能“正”必致亨通,又言男子“取女”可获吉祥,已经明确表露上述意义。六爻以人体感应设喻,分别展示“交感”的不同情状及是非得失:初六感于“足指”,吉凶未见;六二感于“腿肚”,安居则吉;九三感于“大腿”,泛随有吝;九四感于“心神”,守正致吉;九五感于“背脊”,未能广应,仅得“无悔”;上六感于“口头”,感应转微,吉凶难测。诸爻由下体感应到上体,取象简明贴切。其中九四所感,最具“贞吉”美德;爻辞赞扬“朋从尔思”的境界,无非强调“感”止于“正”必吉,悦以能静为宜,恰似“窈窕淑女,君子好逑”(《诗·关雎》)之义在《易》理中的体现。就这一点分析,《咸》卦的“咸”以“利贞”论,又可与《国风》“好色而不淫”的“诗教”,一并纳入封建社会早期关于男女、夫妇礼教的道德范畴之中,为研究古代社会礼法制度尤其是婚娶制度提供了一方面资料。至于卦中蕴含的超出男女“交感”之外的“天地感而万物化生,圣人感人心而天下和平”的思想,则更是值得重视的《周易》哲学体系中“变化”、“发展”理论之一端。

恒卦第三十二

䷟ 恒[1]：亨，无咎，利贞，利有攸往[2]。

【注释】① 恒：卦名，下巽(☴)上震(☳)，象征"恒久"。 ② 亨，无咎，利贞，利有攸往：这几句极力赞美"恒久"之道，认为守"恒"者不但可致"亨通"，并且"无害"、"利正"、"利有所往"。

【译文】《恒》卦象征恒久：亨通，必无咎害，利于守持正固，利于有所前往。

《彖》曰：恒，久也。刚上而柔下[1]，雷风相与[2]，巽而动[3]，刚柔皆应，恒[4]。"恒：亨，无咎，利贞"，久于其道也[5]。天地之道，恒久而不已也[6]；"利有攸往"，终则有始也。日月得天而能久照，四时变化而能久成，圣人久于其道而天下化成：观其所恒，而天地万物之情可见矣[7]！

【注释】① 刚上而柔下：刚，指上卦震；柔，指下卦巽。此句以上下卦位，说明尊卑序次是恒常不变之事。 ② 雷风相与：雷，指上震；风，指下巽；与，犹言"助"。此句以上下卦象，说明雷风相须相助，亦属恒常不变的现象。 ③ 巽而动：巽，逊顺，谓下卦；动，上卦震为动。此句以上下卦义，说明逊顺而后能动，亦恒常不变之事理。 ④ 刚柔皆应，恒：谓卦中六爻阴阳皆能相应，亦恒常不变之理；此句合前三句，分别以卦象、爻象解释本卦命名“恒久”之义，故最后以“恒”字作结。 ⑤ 久于其道也：道，谓道德。此句释卦辞，“恒，亨，无咎，利贞”。 ⑥ 天地之道，恒久而不已也：这两句合下文“终则复始”，举“天地”恒久运行不已为例，释卦辞“利有攸往”。 ⑦ 天地万物之情可见矣：此句合前四句，广举日月、四时、圣人守“恒”之例，深阐《恒》卦大义。

【译文】《彖传》说：恒，意思是恒久。譬如阳刚居上阴柔处下，雷震风行常相交助，先要逊顺然后可动，阳刚阴柔均相应合：这些都是恒久可行的事状。“恒久，亨通，必无咎害，利于守持正固”，说明要永久保持美好的道德。天地的运行规律，是恒久不停止；“利于有所前往”，说明事物的发展终而复始。日月顺行“天”道而能永久照耀天下，四季往复变化而能永久生成万物，圣人永久保持美好的道德、天下就能遵从教化形成美俗：观察“恒久”现象，天地万物的性情就可以明白了！

《象》曰：雷风，恒①；君子以立不易方②。

【注释】① 雷风，恒：释《恒》卦上震为雷、下巽为风之象。 ② 立不易方：方，道也，此处犹言“正确的思想”。这是说明“君子”效法《恒》象，立身于恒久不变之道。

【译文】《象传》说：雷发风行（常相交助），象征“恒久”；君子因此树立恒久不变的正确思想。

初六，浚恒①，贞凶，无攸利②。

【注释】① 浚恒：浚，音 jùn，深也。此句说明初六处《恒》之始，阴柔浅下，上应九四；犹急于深求“恒”道，却欲速不达，故有“浚恒”之象。 ② 贞凶，无攸利：贞凶，守正防凶。此处承前文“浚恒”之义，谓初六阴居阳位，其行失正，但求“恒”心切亦不可全非，故勉其趋正自守，以期避免凶险；不然,若执意"浚恒",必无所利。

【译文】初六,深求恒久之道,守持正固以防凶险,否则无所利益。

《象》曰:"浚恒"之"凶",始求深也。

【译文】《象传》说:"深求恒久之道"的"凶险",说明初六刚开始就求之过深。

九二,悔亡①。

【注释】① 悔亡:此谓九二阳居阴位,本有失正之"悔";但能恒久守中不偏,遂获"悔亡"。

【译文】九二,悔恨消亡。

《象》曰:九二"悔亡",能久中也。

【译文】《象传》说:九二"悔恨消亡",说明能恒久守中不偏。

九三,不恒其德,或承之羞①;贞吝②。

【注释】① 不恒其德,或承之羞:承,《说文》"奉也",谓奉进,此处犹言"施加";羞,羞辱。这两句说明九三以阳刚居下卦之终,应于上六,躁动盲进,有守德不恒之象,故人或加之以羞。 ② 贞吝:犹言"守正防吝"。此谓九三虽"不恒其德",但其位尚正,故勉其守正归"恒",庶可免"吝"。爻义含劝邪反正的微旨。

【译文】九三,不能恒久保持美德,时或有人施加羞辱;要守持正固以防憾惜。

《象》曰:“不恒其德”,无所容也。

【译文】《象传》说:“不能恒久保持美德”,说明九三所往将无处容身。

九四,田无禽[1]。

【注释】① 田无禽:这是用田猎无获譬喻九四阳刚失正,恒居不当之位,徒劳无益。

【译文】九四,田猎没有获取禽兽。

《象》曰:久非其位,安得禽也?

【译文】《象传》说:九四久居不当之位,田猎哪能获得禽兽呢?

六五,恒其德,贞[1];妇人吉,夫子凶。

【注释】① 恒其德,贞:德,此处特指“柔德”,谓五能恒于“妇道”。这两句说明六五以阴居上卦之中,虽不当位,但下应九二刚中,有妇人恒久其德、守贞从夫之象,故下文谓“妇人吉,夫子凶”。

【译文】六五,恒久保持柔美品德,应当守持正固;妇人可获吉祥,男子必有凶险。

《象》曰:妇人贞吉,从一而终也[1];夫子制义,从妇凶也[2]。

【注释】① 从一而终:从一,犹言“从夫”。此句反映古代礼制对妇女的制约,即《礼记·郊特牲》所谓:“壹与之齐,终身不改,故夫死不嫁。”② 夫子制义,从妇凶也:制义,裁制事宜;从妇,指遵循妇人的“顺从”

之道。

【译文】《象传》说："妇人守持正固可获吉祥"，说明要顺从一个丈夫终身不改；男人则必须裁制事宜，若像妇人那样柔顺必有凶险。

上六，振恒，凶①。

【注释】① 振恒，凶：振，《释文》引马融曰："动也"。此谓上六居《恒》上震之终，性动不能持恒，有"恒"极致反、振动无常之象，故"凶"。

【译文】上六，振动不安于恒久之道，有凶险。

《象》曰：振恒在上，大无功也。

【译文】《象传》说：振动不安于恒久之道而又高居在上，说明上六处事必然大为无功。

【总论】《恒》卦阐发事物"恒久"之理，就人事而言，即教人立身处世要有"持之以恒"的精神。卦辞以"亨通，无所咎害，利于守正，利有所往"，极力赞美"恒"道可行。然而，卦中六爻无一爻全吉：初六急于深求"恒"道，欲速不达，诫以守正防凶；九二失位，因能恒守刚中，遂得消"悔"；九三守德不恒，或致"羞"、"吝"；九四久居不当之位，徒劳无益；六五恒守柔德，于妇人有吉，男子则凶；上六好动不能守恒，面临凶险。显然，诸爻虽得失不同，但均不能尽"恒"之义，乃至邱富国有"恒之道岂易言哉"（《折中》引）的慨叹。试究"恒"这一概念本身的寓意，似非一时、一事所能即刻尽赅，谚云"路遥知马力，日久识人心"，正属此理；那么，一爻之中难获"完吉"，则是卦旨所限，不能不如此。至于六五称"妇人吉，夫子凶"，虽是象喻，却深刻反映了古代的"妇德"、"男权"思想。纵观全卦大义，无论各爻的占语是否理想，作者所喻示的道理却无不在于勉人守"正"处"恒"。就此而言，

"人贵有恒"的思想,实为本卦象征要义的核心。《荀子·劝学》曰:"锲而舍之,朽木不折;锲而不舍,金石可镂。"又曰:"真积力久则入,学至乎没而后止也。"此说固为论"学",亦与《恒》卦旨趣无异。

遯卦第三十三

䷠ 遯[①]：亨[②]，小利贞[③]。

【注释】① 遯：音 dùn，卦名，下艮(☶)上乾(☰)，象征“退避”。 ② 亨：指“遯”之时，阴渐长而阳渐衰，“君子”退而后能“亨”。 ③ 小利贞：小，喻柔小者，并指卦中两阴爻。这句说明当“遯”之世，柔小者利于守持正固，不宜妄动以害阳刚者。

【译文】《遯》卦象征退避：亨通，柔小者利于守持正固。

《彖》曰：“遯，亨”，遯而亨也；刚当位而应[①]，与时行也[②]。“小利贞”，浸而长也[③]。遯之时义大矣哉[④]！

【注释】① 刚当位而应：刚指九五；应，指下应六二。此以九五居尊应下，说明阳刚将退之时的情状。 ② 与时行：与时，犹言“随顺时势”，这里特指顺时退避。此句合前文并释卦辞“遯，亨”，谓阳刚虽当位有应，于“小人”势长之时须毅然遯退，才能导致“亨通”。 ③ 浸而长：浸，渐也。此释卦辞“小利贞”，谓卦下二阴渐长，利于守正，不宜妄动害阳。 ④ 遯之时义大矣哉：这是对《遯》卦“时”、“义”的叹美之辞。

【译文】《彖传》说：“退避，亨通”，说明必须先作退避然后可致亨通；譬如阳刚者正居尊位而能应合下者，随顺时势施行退避。“柔小者利于守持正固”，说明阴气浸润而渐渐盛长(但不得妄动害阳)。“退避”顺应时势的意义多么宏大啊！

《象》曰：天下有山，遯[①]；君子以远小人，不恶而严[②]。

【注释】① 天下有山，遯：释《遯》卦上乾为天，下艮为山之象。② 远小人，不恶而严：恶，音 wù，憎恶；严，犹言“威严”，有凛然不可侵犯之意。这两句说明“君子”效法《遯》象，远避小人，虽不显憎恶之情，但始终能矜严自守，不与苟同。

【译文】《象传》说：高天之下立着大山(犹如天远避山)，象征“退避”；君子因此远避小人，不显露憎恶情态而能俨然矜庄、不与混同。

初六，遯尾[①]；厉，勿用有攸往。

【注释】① 遯尾：尾，末尾。此谓初六卑居卦下，当“遯”之时，未及退避而落于末尾，情状甚危；故下文谓有“厉”，并戒其“勿用有攸往”。

【译文】初六，退避不及而落在末尾；有危险，不宜有所前往。

《象》曰：“遯尾”之厉，不往何灾也？

【译文】《象传》说：“退避不及而落在末尾”的危险，表明此时若不往前进取则又有什么灾祸呢？

六二，执之用黄牛之革，莫之胜说[①]。

【注释】① 执之用黄牛之革，莫之胜说：执，束缚；说，通“脱”。这两句说明六二柔顺中正，体处艮止，上应九五之“尊”，犹身有所系，势不能“遯”，须守正自持，故有束以牛革、难以解脱之象。

【译文】六二,被黄牛皮制的革带绑缚,没有人能够解脱。

《象》曰:执用黄牛,固志也。

【译文】《象传》说:"被黄牛皮制的革带绑缚住",说明六二有固守辅时不退的意志。

九三,系遯,有疾厉①;畜臣妾,吉②。

【注释】① 系遯,有疾厉:系,指心有"系恋"。这两句说明九三处下卦之终,无应而亲比于六二,心为所系,未能遯退,故诫以"有疾厉"。 ② 畜臣妾,吉:臣,臣仆;妾,侍妾。此以畜养臣妾喻九三亲近六二,谓其仅利于操理小事,不可施于治国大事。

【译文】九三,心怀系恋、不能退避,将有疾患、危险;若是畜养臣仆侍妾,可获吉祥。

《象》曰:"系遯"之"厉",有疾惫也①;"畜臣妾吉",不可大事也。

【注释】① 惫:音 bèi,病困羸弱之状。

【译文】《象传》说:"心怀系恋、不能退避以至有危险",说明九三将遭疾患而羸困不堪;"畜养臣妾可获吉祥",说明九三不可施行治国大事。

九四,好遯,君子吉,小人否①。

【注释】① 好遯,君子吉,小人否:这三句说明九四下应初六,心情喜好,而身已退避,已有"遯"象;"君子"毅然割爱,故"吉","小人"牵恋不舍,故"否"。

【译文】九四,心怀恋情而身已退避,君子可获吉祥,小人不能办到。

《象》曰:君子好遯,小人否也。

【译文】《象传》说:君子心怀恋情而身已退避,小人却不能办到。

九五,嘉遯,贞吉①。

【注释】① 嘉遯,贞吉:嘉,嘉美。此谓九五高居尊位,刚中得正,下应六二柔中,虽可不遯,却能知几远虑,及时退避,故有"嘉遯"之象;此时守正而行,必获吉祥。

【译文】九五,嘉美及时的退避,守持正固可获吉祥。

《象》曰:"嘉遯贞吉",以正志也。

【译文】《象传》说:"嘉美及时的退避,守持正固可获吉祥",说明九五能够端正退避的心志。

上九,肥遯,无不利①。

【注释】① 肥遯,无不利:肥,通"蜚",即"飞"。此以"飞遯"喻上九居《遯》之极,有高飞远引、遨然退避之象;遯退畅飞无阻,故无所不利。

【译文】上九,高飞远退,无所不利。

《象》曰:"肥遯无不利",无所疑也①。

【注释】① 无所疑:疑,含有疑虑、留恋两层意思。

【译文】《象传》说:"高飞远退,无所不利",说明上九无所疑虑留恋。

【总论】《遯》卦所言“退避”，并非宣扬无原则的消极“逃世”；而是说明事物的发展受阻碍时，必须暂行退避，以俟来日振兴复盛。用“人事”比喻，犹如“君子”当衰坏之世，“身退而道亨”。欧阳修曰“遯者，见之先也”（《易童子问》），程颐云“君子退藏以伸其道”（《程传》）。两说分别表明处“遯”贵在“见几”，行“遯”主于“伸道”。卦辞先称“遯，亨”，已经揭示“遯”而求“亨”之理；又称“柔小”者利在守正，则强调此时应当抑制阻碍力的增长，辅助“刚大”者顺利行“遯”。卦中六爻，下三爻因各种环境条件所限，或不及遯、或不愿遯、或不能遯，以贞定自守、不图“大事”为宜；上三爻阳刚在外，均能识时遯退，以不恋私好、毅然远去为美。项安世指出：“下三爻艮也，艮主于止，故为‘不往’、为‘固志’、为‘系遯’；上三爻乾也，乾主施行，故为‘好遯’、为‘嘉遯’、为‘肥遯’。”（《周易玩辞》）显然，全卦行“遯”之事重在上卦；而上卦又以上九“高飞远退”的喻象最为典型。张衡《思玄赋》曰：“利飞遁以保名”，《归田赋》曰：“苟纵心于物外，安知荣辱之所如”，均流露了作者不满现实、欲退隐伸志的思想情绪，可视为以诗赋语言道出了《遯》卦的一方面义理。

大壮卦第三十四

䷡ 大壮[①]：利贞[②]。

【注释】① 大壮：卦名，下乾(☰)上震(☳)，象征"大为强盛"。② 利贞：此谓"大为强盛"之时，利于守正。

【译文】《大壮》卦象征大为强盛：利于守持正固。

《彖》曰："大壮"，大者壮也[①]；刚以动，故壮[②]。"大壮，利贞"，大者正也[③]。正大而天地之情可见矣[④]！

【注释】① 大者壮：阳大阴小，卦中四阳爻盛长，故称大者强盛。② 刚以动，故壮：刚，指下乾；动，指上震。此以上下象含"刚"、"动"之义，配合前句"大者壮也"并释卦名"大壮"。《集解》引荀爽曰："乾刚震动，阳从下升，阳气大动，故壮也。" ③ 大者正也：此释卦辞"大壮，利贞"之义，谓此时利于刚大者守正。《正义》："大者获正，故得'利贞'。" ④ 正大而天地之情可见矣：古人以为"天地"既大且正，生生万物而不偏，故谓"正大"即可见"天地之情"。此句承前文，阐发《大壮》卦所含"大者正"之义。《王注》："天地之情，正大而已矣。弘正极大，则天地之情可见矣。"

【译文】《彖传》说："大为强盛"，指刚大者强盛；气质刚健又能奋动，所以称"强盛"。"大为强盛，利于守持正固"，说明刚大者必须端正不阿。保持正直刚大而天地的性情也就可以明白了！

《象》曰：雷在天上，大壮[①]；君子以非礼弗履[②]。

【注释】① 雷在天上，大壮：释《大壮》上震为雷、下乾为天之象。② 非礼弗履：履，践行。这是说明“君子”观察《大壮》卦象，悟知于强盛之时必须守正履礼，善葆其“壮”。

【译文】《象传》说：震雷响彻天上（刚强威盛），象征“大为强盛”；君子因此（善葆壮盛）不施行非礼的事情。

初九，壮于趾，征凶；有孚[①]。

【注释】① 壮于趾，征凶；有孚：初九阳刚处“大壮”之始，无应欲进，有壮于足趾之象，躁动必伤，故戒以“征凶”；但阳刚诚信，处位端正，故又勉其以“孚”自守，庶可不进避凶。

【译文】初九，足趾强盛，往前进发必有凶险；应当以诚信自守。

《象》曰：“壮于趾”，其孚穷也[①]。

【注释】① 孚穷：犹言“孚于穷”，即诚信自守以处穷困。

【译文】《象传》说：“强盛在足趾”，说明初九应当以诚信自守而善处穷困。

九二，贞吉[①]。

【注释】① 贞吉：九二失正，本有咎害；但处“大壮”之时，阳居阴位，刚中守谦，故为趋正自养而获“吉”之象。

【译文】九二，守持正固可获吉祥。

《象》曰：九二“贞吉”，以中也。

【译文】《象传》说：九二“守持正固可获吉祥”，是由于阳刚居中的缘故。

九三，小人用壮，君子用罔①；贞厉②，羝羊触藩，羸其角③。

【注释】① 小人用壮，君子用罔：罔，即“无”；“用罔”犹言“不用壮”。这两句取正反面喻象，说明九三居下乾之终，当位应上，刚亢强盛，此时若为“小人”，必恃强妄动，凶险立至；若为“君子”，必不妄用强，守正养德。辞中褒贬之意甚明。 ② 贞厉：犹言“守正防厉”。此谓九三位正，但阳刚过盛，又处“多惧”之地，故诫以守正防危；否则，必致下文“触藩”、“羸角”之险。 ③ 羝羊触藩，羸其角：羝，音 dī，牡羊，此处泛指“大羊”；藩，藩篱；羸，音 léi，拘累缠绕之意。这两句拟大羊触藩被缠其角之象，说明九三若不守正，妄动“用壮”，凶危必将临身。

【译文】九三，小人妄用强盛，君子虽强不用；守持正固以防危险，若像大羊强触藩篱，羊角必被拘累缠绕。

《象》曰：小人用壮，君子罔也。

【译文】《象传》说：小人妄用强盛，君子虽强不用。

九四，贞吉，悔亡①；藩决不羸，壮于大舆之輹②。

【注释】① 贞吉，悔亡：此谓九四居上卦之下，失位无应而有“悔”；但处四阳最盛之时，阳居阴位，为行谦持正之象，故获“吉”而“悔亡”。② 藩决不羸，壮于大舆之輹：决，开也，谓藩篱被触开决口；輹，车下轮輹，指车箱下钩住轮轴的木制器件。这两句承前文之义，说明九四既获“贞吉，悔亡”，则所行无阻，前路阴爻遇之必通，犹如羊触“藩篱”豁然决开，其角不“羸”，又如车下轮輹“强壮”适用，车行快速。爻义主于九四强盛适当，利于施用。

【译文】九四,守持正固可获吉祥,悔恨必将消亡;犹如藩篱触开了决口而羊角不被拘累缠绕,又似大车的轮輹强盛适用。

《象》曰:“藩决不羸”,尚往也。

【译文】《象传》说:“藩篱触开了决口而羊角不被拘累缠绕”,说明九四利于往前进取。

六五,丧羊于易,无悔①。

【注释】① 丧羊于易,无悔:易,通“埸”(音 yì),即田畔。这两句说明六五处“壮”已过之时,犹刚壮之羊丧失于田畔;但能以柔处上卦之中,不用刚壮,故“无悔”。

【译文】六五,在田畔丧失了羊,无所悔恨。

《象》曰:“丧羊于易”,位不当也。

【译文】《象传》说:“在田畔丧失了羊”,说明六五居位不适当。

上六,羝羊触藩,不能退,不能遂,无攸利①;艰则吉②。

【注释】① 羝羊触藩,不能退,不能遂,无攸利:遂,与“退”相对,犹言“进”。这几句比喻上六居《大壮》之终,处震动之极,求进心切,但无奈体柔质弱,犹如羊触藩篱、进退两难,故“无攸利”。 ② 艰则吉:艰,犹言“艰贞自守”。此谓上六虽处进退两难之境,但阴柔不刚,下应九三,若艰贞自守以待,终有阴阳相合并进之时。

【译文】上六,大羊抵触藩篱,不能退却,不能前进,无所利益；以艰贞自守则可获吉祥。

《象》曰："不能退，不能遂"，不详也①；"艰则吉"，咎不长也。

【注释】① 详：《释文》"详审也"，犹言"周详审慎"。

【译文】《象传》说："不能退却，不能前进"，说明上六处事不够周详审慎；"以艰贞自守则可获吉祥"，说明上六所遭咎害不至于久长。

【总论】"大为强盛"，是事物发展的美好阶段；此时如何善葆"盛壮"，是至为关键的问题。《大壮》卦辞以"贞吉"二字，揭示了守"正"处"壮"、必获吉祥之理。卦中诸爻，具体说明"大壮"之时不可恃强"用壮"，而要谦退持中。于是二、四两刚以谦柔获吉，初、三两阳若妄动必凶；五、上两阴，刚壮已过，更宜柔和自守。刘沅指出："不用壮而弥壮，此《大壮》之义也。"（《周易学说》引）马振彪就此进一步推论曰："匹夫之勇，不得谓'大壮'；自反而缩，理直气壮，乃所以为正也。天地有正气，可贯古今；君子有正气，可配道义。董子言'与其不由道而胜，不如由道而败。'不由道而胜，是小人之'用壮'，'亢龙有悔'也；由道而败，是君子之'用罔'，'潜龙勿用'也。《易》义多扶阳抑阴，而《乾》与《大壮》则戒人用阳太过，推'用罔'之义，殆'知进退存亡而不失其正'者乎！"（《周易学说》）此论所明《大壮》推重"不用壮"的义理，实属全卦大旨的核心。许慎《说文》谓"止戈为武"，《周易》称"大壮贞吉"：两者论事发端诚然有异，但关于"刚武"、"强盛"必须建立在"正"的基础上，不得滥用妄施的观点，则是颇可相通。《彖传》极言"正大而天地之情可见"，也是强调这一宗旨。

晋卦第三十五

䷢ 晋①：康侯用锡马蕃庶，昼日三接②。

【注释】① 晋：卦名，下坤（☷）上离（☲），象征"晋长"。 ② 康侯用锡马蕃庶，昼日三接：康，《释文》"美之名也"，犹言"尊贵"；锡，通"赐"；马，此处兼言"车马"；蕃庶，谓众多；三接，即多次接见。这两句拟公侯获天子赏赐、宠信之象，喻示事物"晋长"时的情状。

【译文】《晋》卦象征进长：尊贵的公侯蒙受天子赏赐众多车马，一天之内荣获三次接见。

《彖》曰："晋"，进也，明出地上①。顺而丽乎大明②，柔进而上行③，是以"康侯用锡马蕃庶，昼日三接"也。

【注释】① 明出地上：明，指上离为火、为日；地，指下坤为地。此以上下卦有"光明出现地面"之象，合前文并释卦名"晋"之义。 ② 顺而丽乎大明：顺指下坤为"顺"；丽乎大明，指上离既有"附丽"之义，又具"大明"之象。此句以上下卦象喻"臣"顺从、附丽于"明君"，必得"晋长"。 ③ 柔进而上行：柔，指六五。此句以卦中六五上进而居尊位，合前文"顺而丽乎大明"并释卦辞"康侯用锡马蕃庶，昼日三接"。

【译文】《彖传》说："晋"，意思是进长，就像光明出现在地面。譬如下者顺从而又附丽于上者的宏大光明，以柔顺之道进长乃至向上直行，所以就能“像尊贵的公侯一样蒙受天子赏赐众多车马，一天之内荣获三次接见”。

《象》曰：明出地上，晋①；君子以自昭明德②。

【注释】① 明出地上，晋：释《晋》卦上离为明、下坤为地之象，与《彖传》释卦名之义同。 ② 自昭明德：昭，明也，作动词，犹言“昭著”；明德，即“光辉的道德”。这是说明“君子”效法《晋》象，不断自我修养，昭著美德。

【译文】《象传》说：光明出现在地面，象征“进长”；君子因此自我昭著光辉的美德。

初六，晋如摧如，贞吉①；罔孚，裕无咎②。

【注释】① 晋如摧如，贞吉：如，语气助词；摧，摧折抑退。此谓初六处“晋”之始，阴柔在下，前临重阴为“敌”，有将进即受摧折之象；此时当以“正”自守，静俟九四之应则有“吉祥”。 ② 罔孚，裕无咎：罔孚，犹言“不见信于人”；裕，宽裕缓进。这两句再申前文之义，说明初六既遇前阴阻隔，始“晋”受“摧”，则一时难以孚信于众，故当宽裕待时，终必消难应四而获“无咎”。

【译文】初六，进长之初就受摧折抑退，守持正固可获吉祥；不能见信于人，暂且宽裕待时则无咎害。

《象》曰：“晋如摧如”，独行正也；“裕无咎”，未受命也。

【译文】《象传》说：“进长之初就受摧折抑退”，说明初六应当独自践行正道；“暂且宽裕待时则无咎害”，说明初六目前尚未受到任命。

六二，晋如愁如，贞吉①；受兹介福，于其王母②。

【注释】① 晋如愁如，贞吉：愁，即忧愁。此谓六二处《晋》下卦之中，居两阴之间，上无应援，"晋"途坎坷，故有"愁如"之象；但柔顺中正，不躁于进故获"贞吉"。 ② 受兹介福，于其王母：介，大也；于其，犹言"由其"；王母，即祖母，喻六五。这两句发前文"贞吉"之义，说明六二与六五虽非阴阳正应，但五高居尊位，与二同质而俱有"中德"，犹二之"王母"，故终降"介福"于二。

【译文】六二，进长之际满面愁容，守持正固可获吉祥；将要承受宏大的福泽，是来自尊贵的王母。

《象》曰："受兹介福"，以中正也。

【译文】《象传》说："将要承受宏大的福泽"，是由于六二居中守正。

六三，众允，悔亡①。

【注释】① 众允，悔亡：允，信也。此谓六三阴居下卦之上，失位有"悔"；但与下二阴均有上进之志，为其所信而并进，故得"悔亡"。

【译文】六三，获得众人信允，悔恨消亡。

《象》曰："众允"之志，上行也。

【译文】《象传》说：六三"获得众人信允"的志向，是向上行进。

九四，晋如鼫鼠①，贞厉②。

【注释】① 晋如鼫鼠：鼫(音 shí)鼠，即"梧鼠"，亦称"五技鼠"。此句用“鼫鼠”比喻九四处《晋》上卦之下，失正不中，为身无专技、贪而畏人之象；以此“晋长”，其道必危。 ② 贞厉：此句承前文而发，谓九四虽失正以“晋”有危，但能比五应初，阳刚谦处阴位，故又诫勉其趋“正”自守、以防危厉。

【译文】九四，进长之时象身无专技的鼫鼠，守持正固以防危险。

《象》曰：“鼫鼠贞厉”，位不当也。

【译文】《象传》说：“象身无专技的鼫鼠，守持正固以防危险”，说明九四居位不适当。

六五，悔亡，失得勿恤；往吉，无不利①。

【注释】① 悔亡，失得勿恤；往吉，无不利：恤，忧虑。此谓六五虽以阴居阳、不当位有“悔”，但居处尊高，禀受“离明”之德，委任得人，下者顺从，其“悔”遂“亡”；且诸事得失责之于人，已可“勿恤”，故“往”必获“吉”，无所不利。

【译文】六五，悔恨消亡，无须忧虑得失；前往必获吉祥，无所不利。

《象》曰：“失得勿恤”，往有庆也。

【译文】《象传》说：“处事不须忧虑得失”，说明六五前往必有福庆。

上九，晋其角，维用伐邑，厉吉，无咎①；贞吝②。

【注释】① 晋其角，维用伐邑，厉吉，无咎：角，兽角，喻上九进长至极；

维,语气词;用,助词,犹“宜”。此谓上九处《晋》之终,犹如进长至角,有“晋”极则反、光明将损之虞;故不可端居无为,宜于“伐邑”立功,以尽其职,则虽“厉”可“吉”,并获“无咎”。 ② 贞吝:此句又言上九以“伐邑”免“咎”,毕竟有用“武”之憾,未能“全吉”,故再诫其趋正自守,以防“憾惜”。

【译文】上九,进长至极,宛如高居兽角尖端,宜于征伐邑国以建功,虽有危险但可获吉祥,而不致咎害;要守持正固预防憾惜。

《象》曰:“维用伐邑”,道未光也。

【译文】《象传》说:“宜于征伐邑国以建功”,是说明上九的“晋长”之道未曾光大。

【总论】《晋》卦揭示事物“进长”的途径。从“人事”角度分析,就是郭雍所说的:“以人臣之进,独备一卦之义。”(《郭氏传家易说》)卦辞取“康侯”受赐为喻,已经表露此旨。《彖传》进一步指出“顺而丽乎大明,柔进而上行”:以“柔”、“顺”两字,点明“进长”的要旨。视卦中诸爻,四阴爻为处“晋”有道之象,初虽受挫折、宽裕待进,二虽有愁绪、守正获福,三见信于众“悔亡”,五不忧得失有“吉”:此均由于柔顺使“晋”途畅通,尤以六五居尊、最为佳美,与卦辞“康侯”的喻象相应。两阳爻则为处“晋”不当之象,九四失正不中,“晋”必有危;上九“晋”极刚亢,难免致“吝”:此皆因有失柔顺使“晋”途阻碍。诚然,《晋》卦极力肯定的“柔顺”,又必须以“光明道德”为重要前提,即下者要附着于“明”求进,上者更须向“明”施治。卦象下顺上明,六五尊居“离明”之中:是这一要点的明显体现。因此,“柔顺”是求“晋”的手段,“光明”是获“晋”的方向:两者结合,则是《晋》卦大义所在。《大象传》称“君子以自昭明德”,正是强调充实、丰富“光明”的素质。否则,离开这一条件独言“柔顺”,必将导致“君昏臣佞”、天下“明夷”的境况。

明夷卦第三十六

䷣ 明夷[①]：利艰贞[②]。

【注释】① 明夷：卦名，下离（☲）上坤（☷），象征“光明殒伤”。② 利艰贞：此谓天下“明夷”之时，“君子”利于自“艰”守“正”，不可忘忽艰难，轻易用事。

【译文】《明夷》卦象征光明殒伤：利于牢记艰难，守持正固。

《彖》曰：明入地中[①]，“明夷”；内文明而外柔顺，以蒙大难，文王以之[②]。“利艰贞”，晦其明也[③]；内难而能正其志，箕子以之[④]。

【注释】① 明入地中：明，指下离为日、为火，故称“明”；地，指上坤为地。此句以上下卦象释卦名“明夷”。 ② 内文明而外柔顺，以蒙大难，文王以之：文明，指下离为“明”；柔顺，指上坤为顺；以之，用之。此又举上下象，及周文王被纣幽囚羑里蒙难事殷之例，配合前文“明入地中”并释卦名“明夷”之义。 ③ 晦其明：此释卦辞“利艰贞”，谓“明夷”之世当晦藏明智不用，以“艰”守“正”。 ④ 内难而能正其志，箕子以之：箕子，殷纣王的诸父，被囚以佯狂守志。此引箕子处内难晦明守正之例，配合前文“晦其明也”再释卦辞“利艰贞”之义。

【译文】《彖传》说：光明隐入地中，象征“光明殒伤”；譬如内含文明美德、外呈柔顺情态,以此蒙受巨大的患难,周文王就是用这种方法渡过危难。“利于牢记艰难,守持正固”,说明要自我隐晦光明;尽管身陷内难也能秉正坚守精诚的意志,殷朝箕子就是用这种方法晦明守正。

《象》曰:明入地中,“明夷”①;君子以莅众,用晦而明②。

【注释】① 明入地中,“明夷”:释《明夷》下离为明、上坤为地之象,与《彖传》首两句释卦名之义同。 ② 君子以莅众,用晦而明:莅,音 lì,临也,“莅众”犹言“治众”。这是说明君子观《明夷》之象,悟知治理众人应当用“晦明”之道,则其“明”益显。

【译文】《象传》说:光明隐入地中,象征“光明殒伤”;君子因此慎于治理众人,能够自我晦藏明智而更加显出道德光明。

初九,明夷于飞,垂其翼;君子于行,三日不食①。有攸往,主人有言②。

【注释】① 明夷于飞,垂其翼;君子于行,三日不食:这四句以鸟在“明夷”昏暗中垂翼低飞,喻“君子”自晦其明、远遁匿形之时仓皇疾行、饥不遑食的情状。爻义主于阳刚处“明夷”之初,能及早潜隐避难,自晦不用。② 有攸往,主人有言:言,指责怪之言。此谓初九阳刚处下,识时过早,未必为人所理解;故此时自晦“有往”,“主事之人”必疑怪责让。辞义含有诫初九“用晦”审慎的意思。

【译文】初九,光明殒伤时向外飞翔,低垂掩抑着翅膀;君子仓皇远走遁行,三日不顾充填饥肠。此时有所前往,主事的人将疑怪责让。

《象》曰："君子于行"，义不食也①。

【注释】① 义不食：即爻辞"三日不食"之义；此处"食"又兼喻"禄食"。

【译文】《象传》说："君子仓皇远走遁行"，说明初九"自晦"的意义是不求禄食。

六二，明夷；夷于左股，用拯马壮，吉①。

【注释】① 夷于左股，用拯马壮，吉：拯，犹言"拯济"。此谓六二柔顺中正，当"明夷"之时，其志难行，故使"左股"伤损，自晦明智以守正；然后再借助良马拯济，缓图复壮而行，遂获吉祥。

【译文】六二，光明殒伤；使左边大腿遭伤损，然后（乘用）良马（借助它的）拯济将渐渐复壮，可获吉祥。

《象》曰：六二之吉，顺以则也。

【译文】《象传》说：六二的吉祥说明既柔顺又能坚守法则。

九三，明夷于南狩，得其大首①；不可疾，贞②。

【注释】① 明夷于南狩，得其大首：南，《正义》"文明之所"，指九三处离之上，"离"于方位象征属南；狩，《正义》："征伐之类"；大首，《正义》："谓暗君"，犹今言"元凶首恶"，喻上六。此谓九三处下卦离明之上，阳刚得正，于"明夷"之世，志在诛灭上六"暗君"，以著明正德，故有"南狩"、"得大首"之象。 ② 不可疾，贞：疾，急也。此承前文义，说明天下"明夷"已久，除暗复明之事宜渐不宜急，故须持"正"俟时。其旨与卦辞"利艰贞"同。

【译文】九三，光明殒伤时在南方巡狩而施行征伐，诛灭元凶首恶；此时不可操之过急，应当守持正固。

《象》曰：南狩之志，乃大得也。

【译文】《象传》说：九三“在南方巡狩而施行征伐”的志向，说明必将大有所得。

六四，入于左腹，获明夷之心，于出门庭①。

【注释】① 入于左腹，获明夷之心，于出门庭：左，含“退”、“顺”之义，喻六四柔顺处事，《正义》：“凡右为用事也，从其左不从其右，是卑顺不逆也”；腹，《正义》：“事情之地”，喻六四居腹要之位；心，心意，犹言“内情”，此指天下“明夷”的缘故。这三句说明六四居上卦坤体之始，犹当“明夷”之时，身在暗地，以柔顺退处“腹要”之位，故能获知“明夷”时的内情，遂及时抉择去从，毅然出门远遁。

【译文】六四，退处于左方腹部地位，深刻了解光明殒伤时的内中情状，于是毅然跨出门庭远去。

《象》曰：“入于左腹”，获心意也。

【译文】《象传》说：“退处于左方腹部地位”，是说能够深刻了解光明殒伤时的内中情状。

六五，箕子之明夷，利贞①。

【注释】① 箕子之明夷，利贞：这是拟取殷箕子被纣囚、佯狂自晦以守志之象，喻六五最近“暗君”，身罹内难，利于守正不移，不为昏暗所没。此即《彖传》所云“晦其明”、“内难而能正其志，箕子以之”之义。

【译文】六五，殷朝箕子的光明殒伤，利于守持正固。

《象》曰：箕子之贞，明不可息也①。

【注释】① 明不可息：息，通“熄”。

【译文】《象传》说：殷朝箕子的守持正固，说明六五的内心光明不可熄灭。

上六，不明晦；初登于天，后入于地①。

【注释】① 不明晦；初登于天，后入于地：不明晦，犹言“不明反晦”。此以太阳初升天上、后没地中，乃至不发光明、反生黑暗，喻上六以阴处“明夷”之极，为“暗君”之象。

【译文】上六，不发出光明却带来昏暗；起初登临天上，最终坠入地下。

《象》曰：“初登于天”，照四国也；“后入于地”，失则也。

【译文】《象传》说：“起初登临天上”，可以照耀四方诸国；“最终坠入地下”，是说明上六违背了正确的法则。

【总论】事物的盛衰，社会的治乱，自有不可抗拒的发展规律。《明夷》卦以“明入地中”为喻，展示了政治昏暗、光明泯灭之世的情状以及“君子”自晦其明、守正不移的品质。卦辞“利艰贞”之义，强调在艰难中维护正道，在“自晦”中期待着转衰为盛、重见光明的一天。当然，就具体环境而言，“事”有可济、不可济之别，“时”有可居、不可居之分；于是卦中除上六为“暗君”之象外，余五爻分别从不同角度揭出“君子”处“明夷”的特点。苏轼指出：“夫君子有责于斯世，力能救则救之，六二之‘用拯’是也；力能正则正之，九三之‘南狩’是也；既不能救，又不能正，则君子不敢辞其辱以私便其身，六五之‘箕子’是也。君子居明夷之世，有责必有以塞之，无责必有以全身而不失其正。初九、六四无责于斯世，故近者则‘入腹、获心、于出门庭’，而远者则‘行不及食’也。”(《东坡易传》)这是对诸爻意义的较正确归纳。借此可以看出，初、四两爻是以消极反抗的态度处“明夷”，二、三、五三爻是以积极救治的精神处“明夷”；而积极救治又有“汤、武”式的毅烈行动，与“箕子”式的忍辱守持之分。要言之，处“明夷”的特点虽有不同，立足于“艰贞守正”的卦旨却全然一致。此旨在六五一爻言之尤切，即极称时世虽暗而道不可没，立身纯正则危不足忧：《象传》所谓“明不可息”是也。

家人卦第三十七

䷤ 家人①：利女贞②。

【注释】① 家人：卦名，下离(☲)上巽(☴)，象征"一家人"。 ② 利女贞：此谓家内之事，女子为主要因素，故言利女子守正。

【译文】《家人》卦象征一家人：利于女子守持正固。

《彖》曰：家人，女正位乎内，男正位乎外①；男女正，天地之大义也②。家人有严君焉，父母之谓也。父父，子子，兄兄，弟弟，夫夫，妇妇，而家道正；正家而天下定矣③。

【注释】① 女正位乎内，男正位乎外：女，指六二；男，指九五。此以二、五两爻得正于内外卦之象，说明女主家内事，男主家外事，并合下文"男女正，天地之大义也"共释卦名及卦辞"家人，利女贞"。 ② 天地之大义：此谓"家人"男女之"正"，合乎天地、阴阳、尊卑之理。 ③ 正家而天下定矣：此承上文"家人有严君焉"至"家道正"诸句之义，推阐出"正家"与"定天下"的逻辑关系。

【译文】《彖传》说：一家人，女子在家内居正当之位，男子在家外居正当之位；男女居位都正当得体，这是天地阴阳的大道理。一家人有严正的君长，指的是父母。父亲尽父亲的责任，儿子尽儿子的责任,长兄尽长兄的责任,小弟尽小弟的责任,丈夫尽丈夫的责任,妻子尽妻子的责任,这样家道就能端正;端正了家道而天下就能安定。

《象》曰:风自火出,家人①;君子以言有物而行有恒②。

【注释】① 风自火出,家人:释《家人》上巽为风,下离为火之象。此卦内火外风,犹如家事自内影响到外,故《王注》曰:“由内以相成炽也。” ② 言有物而行有恒:这是说明君子观《家人》卦象,悟知日常居家小事亦关“风化”之理,故能自修小节,言行扎实不妄。

【译文】《象传》说:风从火的燃烧生出(自内延外),象征“一家人”(事关社会风化);君子因此日常言语必切合实物,居家行事必守恒不变。

初九,闲有家,悔亡①。

【注释】① 闲有家,悔亡:闲,防也,指防止邪恶(见《乾》卦《文言传》“闲邪存其诚”译注)。此谓初九处“家人”之始,家道初立,宜于严防邪辟,才能保有其家而“悔亡”。

【译文】初九,防止邪恶然后保有其家,悔恨消亡。

《象》曰:“闲有家”,志未变也。

【译文】《象传》说:“防止邪恶然后保有其家”,是说明初九在意志尚未转化的时候预先防范。

六二,无攸遂,在中馈,贞吉①。

【注释】① 无攸遂,在中馈,贞吉:遂,成也,“无攸遂”言不专主其事、无所成就；馈，音 kuì，《周礼 · 天官 · 膳夫》“王之馈食”，郑玄注“进物于尊者曰馈”，“中馈”，犹言“家中饮食事宜”。此谓六二居《家人》下卦之中，柔顺中正，上应九五阳刚，有“妇人顺夫”之象，故无所专主、无所成就，唯掌“中馈”、守正获吉。

【译文】六二，无所成就，主管家中饮食事宜，守持正固可获吉祥。

《象》曰：六二之吉，顺以巽也。

【译文】《象传》说：六二的吉祥，是由于柔顺温逊所致。

九三，家人嗃嗃，悔厉，吉；妇子嘻嘻，终吝①。

【注释】① 家人嗃嗃，悔厉，吉；妇子嘻嘻，终吝：嗃，音 hè，嗃嗃犹言“嗷嗷”，为众口愁怨声，与下文“嘻嘻”相对，均象声词；嘻嘻，欢乐笑闹声。此谓九三处下卦之上，阳刚亢盛，有治家过严、家人“嗃嗃”愁怨之象，此时虽多“悔”有“危”，但以不失正道仍获吉祥；若反严为宽，放纵妇子“嘻嘻”笑闹，则失家道，终将憾惜。

【译文】九三，一家人愁怨嗷嗷，尽管有悔恨、有危险，但可获吉祥；要是妇人孩童笑闹嘻嘻，终致憾惜。

《象》曰：“家人嗃嗃”，未失也①；“妇子嘻嘻”，失家节也。

【注释】① 未失：失，通“佚”，即放逸纵乐之意。

【译文】《象传》说：“一家人愁怨嗷嗷”，说明此时未敢放逸纵乐；“妇人孩童笑闹嘻嘻”，说明有失家中礼节。

六四,富家,大吉[①]。

【注释】① 富家,大吉:富,用如动词,即“增富”之意。此言六四处上卦之下,阴虚本不富;但柔顺得正,下应初九,上承九五,大得阳刚之富实,故有“富家,大吉”之象。

【译文】六四,增富其家,大为吉祥。

《象》曰:“富家大吉”,顺在位也[①]。

【注释】① 顺在位:指六四顺承九五。

【译文】《象传》说:“增富其家,大为吉祥”,是由于六四顺承居在尊位的阳刚者。

九五,王假有家[①],勿恤,吉。

【注释】① 王假有家:假,旧音读如“格”(gě),此处犹言“感格”。格,至也。这三句说明九五阳刚中正,尊居“君”位,下应六二柔正,有以美德感格家人以保有其家之象,故“勿恤”而“吉”。爻旨并含“正家而天下定”之义。

【译文】九五,君王用美德感格众人然后保有其家,无须忧虑,吉祥。

《象》曰:“王假有家”,交相爱也[①]。

【注释】① 交相爱:指九五与六二交应,犹家人亲和;并含家道正而天下安定之义。

【译文】《象传》说:“君王用美德感格众人然后保有其家”,说明此时人人交相亲爱和睦。

上九,有孚,威如,终吉①。

【注释】① 有孚,威如,终吉:此言上九以阳刚处《家人》之终,居一家之上,既能心存诚信,又能威严治家,故获"终吉"。

【译文】上九,心存诚信,威严治家,终获吉祥。

《象》曰:威如之吉,反身之谓也①。

【注释】① 反身:即反求自身。

【译文】《象传》说:威严治家而获吉祥,说明上九先要反身自省,严格要求自己。

【总论】《家人》卦,阐发"治家"之道。卦辞主于"利在女子守正",六爻却并发男女如何"正家"的意义。《折中》引吴曰慎曰:"'家人'之道,男以刚严为正,女以柔顺为正。初曰'闲',三曰'厉',上曰'威',男子之道也;二、四《象传》皆曰'顺',妇人之道也。五刚而中,非不严也,严而泰也。"深究作《易》者的意旨,卦辞之所以强调"利女贞",乃责求女子之"正"须绝对"柔顺"、无所专遂:"妇德"缘此能立,"家道"于是不失。那么,真正的治家主权自然非"男"莫属了,上九"威如"之喻便成为"男权"的绝好象征。《彖传》所谓"男女正,天地之大义",也是本于男严女顺、阳唱阴随的观念。诚然,人伦尊卑是人类社会发展过程中产生的客观现象,自有一定的规律;但由此引发出"男尊女卑"的思想,根深蒂固地影响了中国两千多年的封建社会,今天实当深加批判。至于《家人》卦蕴含的超乎"家人"之外的意义,从《彖传》"正家而天下定"一语,以及《大象传》"君子"居家不忘修言行、美风化的阐述中,可以看出贯穿在"身"、"家"、"天下"之间的一条具有浓厚政治色彩的线索。就这一角度分析,《家人》的大旨又与《礼记·大学》宣扬"修身,齐家,治国,平天下"的政治思想密合无间。

睽卦第三十八

䷥ 睽①：小事吉②。

【注释】① 睽：音 kuí，卦名，下兑(☱)上离(☲)，象征“乖背睽违”。② 小事吉：小，阴柔之称，此处含“小心”之义。凡物相睽，必须以柔顺的方法，小心寻求其中可合之处，才能转“乖睽”为“谐和”；若刚断强合，必难“济睽”。故称“小事吉”。卦中六五以柔处中应刚，正合此象。

【译文】《睽》卦象征乖背睽违：小心处事可获吉祥。

《彖》曰：睽，火动而上，泽动而下①；二女同居，其志不同行②。说而丽乎明③，柔进而上行，得中而应乎刚④，是以小事吉。天地睽而其事同也，男女睽而其志通也，万物睽而其事类也：睽之时用大矣哉⑤！

【注释】① 火动而上，泽动而下：火，指上离；泽，指下兑。此谓上下象含“乖睽”之义。 ② 二女同居，其志不同行：二女，指下兑为少女，上离为中女。此谓上下象犹“二女”共处，长成必各有不同的归适之志。文意是配合前两句并释卦名“睽”。 ③ 说而丽乎明：说，即“悦”，指下兑为“悦”；丽乎明，指上离为明，为“附丽”。此谓上下象含有以和悦附丽于光明之义。 ④ 柔进而上行，得中而应乎刚：柔、中，指六五柔顺中正；刚，指九二。此谓五以柔中下应二刚。文意承前句，言当以和悦、柔顺之道小心处“睽”,以释卦辞“小事吉”之旨。 ⑤ 睽之时用大矣哉:此句承前三句所举天地、男女、万物之例,说明事物虽“睽”却有可同之理,沿顺其理以求必能“合睽”,故叹美当“睽”之时可以广施合睽之用。

【译文】《彖传》说:乖背睽违,譬如火焰燃动炎上,泽水流动润下;又如两个女子同居一室,志向不同而行为乖背。此时应当和悦附丽于光明,用柔顺之道求进才能向上直行,还要处事适中而应合于阳刚者,这就是小心处事可获吉祥的道理。天地上下乖睽但化育万物的事理却相同,男女阴阳乖睽但交感求合的心志却相通,天下万物尽管乖背睽违但禀受天地阴阳气质的情状却相类似:“乖睽”之时有待施用的范围是多么广大啊!

《象》曰:上火下泽,睽①;君子以同而异②。

【注释】① 上火下泽,睽:释《睽》卦上离为火、下兑为泽之象。 ② 同而异:犹言求同存异。这是说明“君子”观《睽》象而悟“合睽”之理,谋求事物之“大同”,并存不可同之“小异”。

【译文】《象传》说:上为火下为泽,象征“乖背睽违”;君子因此谋求大同并存小异。

初九,悔亡①;丧马,勿逐自复;见恶人,无咎②。

【注释】① 悔亡:初九处《睽》之始,犹初与人“乖睽”,位卑无应,不立异自显而广和于人,则其“悔”自消。 ② 丧马,勿逐自复;见恶人,无咎:见,谓逊接之。此以两层相似的喻象,说明初九的处睽之道:“丧马”喻乖睽,“勿逐”静俟“自复”则“睽”消;“恶人”亦喻与己乖睽,和颜相接,待其自改从善则“睽”亦消。喻旨均明初九必须退、顺勿动,居易俟命,“乖睽”自得消失。

【译文】初九,悔恨消亡;马匹走失,不用追逐,静候其自行归来;逊接与己对立的恶人,不致咎害。

《象》曰:"见恶人",以辟咎也①。

【注释】① 辟:通"避"。

【译文】《象传》说:"逊接与己对立的恶人",是为了避免乖睽激化的咎害。

九二,遇主于巷,无咎①。

【注释】① 遇主于巷,无咎:主,指六五,因居尊应二故称。此言九二当"睽"之时,失位不安,本有咎害;但阳居阴位,守谦顺时,又处中道,终能于不期然间与所应之六五遇于巷道,"睽违"遂合,故获"无咎"。

【译文】九二,在巷道中不期然遇合主人,必无咎害。

《象》曰:"遇主于巷",未失道也。

【译文】《象传》说:"在巷道中不期然遇合主人",说明九二未曾违失处睽之道。

六三,见舆曳,其牛掣;其人天且劓①。无初有终②。

【注释】① 见舆曳,其牛掣;其人天且劓:曳,音 yè,拖曳;掣,音 chè,牵制;天,当作"而",古代"髡发"之刑,即剃削罪人的鬓发;劓,音 yì,古代割鼻之刑。这三句取三种喻象,说明六三处《睽》下卦之终,与上九正应却睽违难合情状:三阴柔失位,上下两阳近比,造成心理威胁,犹如二"曳舆"于后、四"掣牛"于前;又因上九远在外卦之极,恐其对己猜疑乃至施加惩罚,故恍如己身受"天"、"劓"酷刑。辞义主于表明六三居内睽违至极,处境艰难,并由此产生恐惧、疑虑。 ② 无初有终:犹言"初睽,终合"。此谓六三虽睽违不堪,但笃情专恋上九,二、四非正应难以牵制,终致上九疑消而欢合。

【译文】六三，似乎看见大车被拖曳难行，驾车的牛受牵制不进；又恍如自己身遭削发截鼻的酷刑。起初乖睽，终将欢合。

《象》曰："见舆曳"，位不当也；"无初有终"，遇刚也①。

【注释】① 遇刚：指三与上九应合。

【译文】《象传》说："似乎见到大车被拖曳难行"，这是六三居位不妥当所致；"起初乖睽，终将欢合"，说明六三终必与相应的阳刚遇合。

九四，睽孤①；遇元夫，交孚，厉无咎②。

【注释】① 睽孤：九四处"睽"之时，孤立无应，三、五两阴虽上下比近，但各有专主，故独显"睽孤"之象。 ② 遇元夫，交孚，厉无咎：元夫，指初九，阳大称"元"，犹言"大丈夫"。

【译文】九四，乖背睽违，孑然孤立；遇合阳刚大丈夫，交相诚信，虽有危险却能免遭咎害。

《象》曰："交孚"无咎，志行也。

【译文】《象传》说："交相诚信"而能免遭咎害，说明其志向在践行济睽。

六五，悔亡，厥宗噬肤，往何咎①？

【注释】① 悔亡，厥宗噬肤，往何咎：宗，宗族内部，此处指九二应五，犹如"宗亲"；噬肤，咬噬柔脆的皮肤，此处喻柔顺平易的"济睽"途径。这三句说明六五不当位，本有悔；但居尊柔顺，下应九二，二正以和顺适中的

"噬肤"之道期待遇合,往应必无咎,故获"悔亡"。

【译文】六五,悔恨消亡,它相应的宗亲者(像)咬噬柔脆皮肤(一样地以和顺之道期待遇合),前往有何咎害?

《象》曰:"厥宗噬肤",往有庆也。

【译文】《象传》说:"它相应的宗亲者正(像)咬噬柔脆皮肤(一样地以和顺之道期待遇合)",说明六五此时前往必有喜庆。

上九,睽孤,见豕负涂,载鬼一车,先张之弧,后说之弧①;匪寇,婚媾;往遇雨则吉②。

【注释】① 睽孤,见豕负涂,载鬼一车,先张之弧,后说之弧:豕、鬼,均喻上九猜疑六三已变态化为丑形;说,通"脱"。这几句说明上九以阳处《睽》之极,与六三违离至久,孤独烦躁,妄生猜疑,遂酿成种种幻觉:或见其变猪负涂,或见鬼车奔驰,当举弧欲射之际,又猛然发现非鬼而罢。辞义与六三相应,表明上九睽极所产生的心理变异。 ② 匪寇,婚媾;往遇雨则吉:婚媾,喻上、三两爻的正应关系;雨,古人认为是阴阳二气交和之物,此处喻上、三"睽"极终至相合。这三句承前文之义,说明上九猜疑既消,知三非"寇",实为良配;故前往必"遇雨"获"吉"。

【译文】上九,睽违至极,孤独狐疑,恍如看见丑猪背负污泥,又见一辆大车满载鬼怪在奔驰,先是张弓欲射,后又放下弓矢;原来并非强寇,而是与己婚配的佳丽;此时前往,遇到阴阳和合的甘雨就能获得吉祥。

《象》曰:"遇雨之吉",群疑亡也。

【译文】《象传》说:"遇到阴阳和合的甘雨就获得吉祥",说明上九的种种猜疑都已经消失。

【总论】人情物理,总是好合不好离,喜聚不喜散。《古诗十九首》"行行重行行,与君生别离;相去万余里,各在天一涯"(《文选》卷二十九)几句,是较有代表性的嗟伤睽违离别的诗歌艺术反映。《睽》卦取名"乖背睽违",卦旨却在于揭示如何化"睽"为"合"的道理。卦辞谓:"小心处事可获吉祥",即表明事物虽"睽",必有可同、可合之处,用柔和细致的方法顺势利导,乖背能消、睽违终合。卦中六爻虽均在"睽"时,但未尝一爻久睽不合。《折中》引冯当可曰:"内卦皆睽而有所待,外卦皆反而有所应:初'丧马勿逐',至四'遇元夫',而初、四合矣;二委曲以求遇,至五'往何咎',而二、五合矣;三'舆曳'、'牛掣',至上'遇雨',而三、上合矣。天下之理,固未有终睽也。"可见,诸爻均以"小心"、"委婉"之道,并收"济睽"、"合睽"之功,所谓"委曲巽入则易通也"(《折中》)。从各爻的义理中,可以明显看出《周易》作者对于事物"同""异"、"睽""合"辩证关系的认识;《彖传》称"天地睽而其事同也,男女睽而其志通也,万物睽而其事类也",正阐发这一意义。至于《大象传》所明"求大同存小异"的旨趣,则是对"小心处睽"这一抽象概念的具体发挥,从而使《睽》卦蕴含的"对立统一"的哲学因素进一步显露出应有的色彩。